みんなで育む

学びのまち 真室川

昔話を未来につなぐ

野村敬子
石井正己
編著

瑞木書房

昔語り

～語る楽しさ　聴く悦び～

「令和むかし話ワールド」

「令和むかし話ワールド」参加の語り手

昔語りの語り手の皆さん

沓澤ケイ子さん

高橋市子さん

佐藤美和子さん

黒田谷男さん

佐藤信栄さん

佐藤壽也さん

渡部豊子さん

大竹知也子さん

紙芝居の演じ手の皆さん

正源寺 鮭延未可さん

正源寺 鮭延節侯さん

鮭川村「あのねのね」の皆さん

荻原悠子さん

片桐早織さん

みんなで育む学びのまち真室川

——昔話を未来につなぐ——

野村敬子
石井正己 編著

みんなで育む学びのまち真室川

■目　次

本書書名にもなった教育委員会入り口の横断幕

目　次

記念誌刊行に寄せて　新田隆治　7
巻頭言　新型コロナウイルス感染症の時代と民話　石井正己　9
詩　霧の朝　しまなぎさ　14

第一部　「令和むかし話ワールド」を実施して
講演　一〇〇歳時代の人生と口承文芸　野村敬子　18
講演　真室川の民話　石井正己　36
学びのまちの実現を目指して　門脇昭　56
真室川の学びはコロナを超えて　須田秀樹　58
生き続ける昔話展を終えて　梁瀬平吉　61
チケットづくりのわけ　泉節子　63
「令和むかし話ワールド」に参加して　吉村厚子　66
真室川の昔話をアラビア語で　片桐早織　68

第二部　「令和むかし話ワールド」に参加して
歴史民俗資料館から　奥灘久美子　72
真室川と関わって　清野知子　75
「語り上手は、料理上手」　杉浦邦子　78

編著書展示

どんぺからんこ・真室川　**庄司アイ**　83
私のむかしむかし　**星美知子**　86
令和むかし話ワールドに参加して　**渡邊悦子**　89
昔話の聖地・真室川を訪ねて　**間中一代**　91
あの「黄金バット」を真室川で　**住谷信夫**　94
どんぺからんこ展に寄せて　**三浦修子**　96
六色に彩られた真室川に　**荻原悠子**　99
おいしかった、あたたかかった昔話展　**伊藤京子**　102

第三部　真室川での活動を振り返って

はじまりは真っ白な細い一本の雪道から　**佐藤保**　106
祖母の昔語りと野村先生　**佐藤喜典**　109
世代を超えて―こども達は語り継ぐ―　**遠田且子**　112
読み聞かせ活動に寄せて　**山田美貴子**　115
姉家督と「真室川民話の会」　**佐藤玄祐**　118
真室川に学び、語り継ぐ　**井上幸弘**　121
昔語りと悪ガキ　**佐藤準一**　127
一生の出会い　**庄司明淑**　131
野村敬子さんとの出会い　**伊藤正三**　135
庄司アイさんとの出会い　**松田三智郎**　137

採訪ノート

語り　新田小太郎さんから聞いた戦場での昔話　**渡部豊子**　139
資料　雀むがす　**佐藤壽也**　143
山形県最上郡は「鮭の大助譚」の宝庫　**村田弘**　148
佐藤義則研究会の発足を巡って―野村純一と佐藤義則の邂逅と偏差―　**芦原敏夫**　151

第四部　野村純一・野村敬子ご夫妻に導かれて

野村純一先生の思い出―岩倉高等学校の教え子として―　**柴田行慶**　160
ご近所の誼み　**齊藤伸義**　163
野村純一先生と岩倉市郎ヤッキー（小父さん）　**吉野治子**　165
『孤悲記』を読んで　**石井季子**　168
論考　口承文芸学の夢を追って―経験したこと、聴いてきたこと―　**内藤浩誉**　171
論考　昔話の音声資料は郷土の文化遺産　**関根綾子**　181
論考　〈親子杉〉にみる〈むがし〉と〈伝説〉と
―野村敬子編『真室川の昔話』の「狐むがし」から―　**根岸英之**　192
國學院大學説話研究会の仲間たち　**野村敬子**　199
宮崎から野村学を探求する　**矢口裕康**　204
あとがき　**野村敬子**　218
追記　コロナ以後の昔話・コロナ以後の町づくり　**野村敬子**　221
執筆者一覧　229

写真提供　佐藤　保・佐藤喜典・真室川町・小林基裕
挿絵　小林千裕
カバー装丁　小林和生

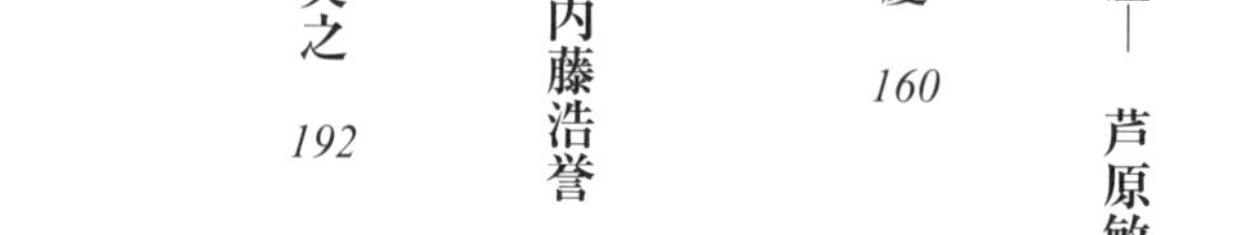

記念誌刊行に寄せて

新田隆治

『みんなで育む学びのまち真室川――昔話を未来につなぐ――』記念誌の刊行、誠におめでとうございます。

昨年開催されました「野村純一・敬子先生のどんぺからんこ　生き続ける昔話展」と「令和むかし話ワールド」は、ご来場・ご参加の皆様から大変な好評をいただき、あらためて真室川の口承文化に触れることができましたことに感動を覚えました。

真室川の文化に触れる感動が記念誌となって、多くの方々に共有されますことは、大変意義深いものであり、野村敬子先生、石井正己先生、ご関係の皆様のご尽力に、敬意を表します。

野村敬子先生は、「昔語り」を研究テーマに、生地の真室川町を中心とした最上地域を主な調査フィールドとして、採話と研究をライフワークにされています。

当町教育委員会発行の『真室川町の昔話Ⅰ～Ⅵ』の製作においては、編集委員として中心的な役割を果たしていただきました。

町内の各地域の魅力的な語り手を発掘し、その語りを丁寧に採話されました。当時は、大がかりな機材が必要な録音や録画での採話も行われ、重い三脚や録音機材を担ぎながら、語り部宅を訪問してまわり、雪深い厳冬期では相当な苦労があったと伺いました。

ご苦労が実を結び、『真室川町の昔話Ⅰ～Ⅵ』が発行され、貴重な語りの数々が後世に伝えられることになりました。

野村先生は、語り手と聞き手が一体になる生の「語り」を大切にされています。

書籍として文字に残すことは大切なことですが、昔語りは口承文芸として、人から人へ語り継がれる間に、聞き手の解釈が加わったり、語り手の脚色が加わりながら変遷していく、生きている文化と言えるかもしれません。

同じような昔話であっても、語り手により少しずつの違いや同じ語り手ですら時間の経過とともに語り方に違いが出てくることもあり、それも昔語りの魅力の一つだと教えていただきました。

「令和むかし話ワールド」では二〇〇名もの方々が来場され、現役の語り手が多数参加され、聞き手と一体となった空間の共有がありました。

こうした空間の共有は、以前は子や孫との生活の中で当然のように行われ、子ども達は言葉を覚え、交わす能力を身に着け、人が育つ大切な要素となっていたのではないでしょうか。

大家族から核家族へと変化している近年の生活において、大切にしていかなければならないことを考えるヒントがあると思います。

当町には、昔話をはじめ、わらべ唄、番楽などの伝承芸能、わら細工やつる細工の伝統工芸など、数多くの伝承文化があり、これらは中山間地、農村、雪国、わが町の環境と地域との交流によって育まれ、町のアイデンティティでもあり、見聞きできる「今」を大事にしながら、将来に引き継いでいかなければなりません。

このたびの事業並びに記念誌の刊行をさらなる契機として、昔話文化のすばらしさがより多くの方々に紹介され、親しんでいただけますよう、野村先生そしてご関係の皆様のますますのご活躍を祈念いたします。

巻頭言

新型コロナウイルス感染症の時代と民話

石井正己

二〇一九年末、中国の武漢で発生した新型コロナウイルス感染症（ＣＯＶＩＤ－１９）は、瞬く間に世界に拡大した。日本でも東京オリンピック・パラリンピックは延期され、全国に緊急事態宣言が出て、都市をロックダウンするようなことはなかったものの厳しい自粛生活が続いた。その後、緊急事態宣言は解除されたが、経済活動を前提にした生活を再開すると、それに伴って再び感染者が増加しつつある。

振り返ってみれば、昨年（二〇一九年）六月、東京学芸大学で開催したフォーラムで、野村敬子さんに「一〇〇歳時代の人生と口承文芸」、渡部豊子さんに「新田小太郎さんから聞いた戦場での昔話」の講演をお願いした。その成果を『戦争・女性・昔話』（東京学芸大学）の小冊子にまとめるにあたって、内藤浩誉さんに「野村敬子書誌」を加えていただいた。それは、東京でのささやかな準備であった。

一〇月から一一月にかけて、真室川町立歴史民俗資料館で「野村純一・敬子先生のどんぺからんこ　生き続ける昔話展」が開催され、ご夫妻の著作と採訪ノートが展示され、五〇年前の録音が披露された。一〇月一九日には遊学館で「令和むかし話ワールド」の記念イベントも実施され、私が「真室川の民話」の講演を行い、野村敬子さんが案内役を務めた「語る楽しさ　聴く悦び」では多くの語り手が昔話を語った。まことに楽しく、充実したひとときであった。

一連の催しをそのままにせず、広く紹介したいと考え、瑞木書房の小林基裕さんにお願いして、出版に動きはじめた。そうした状況の中で、新型コロナウイルス感染症が拡大して、打ち合わせも思うようにできなくなった。しかし、私たちは、閉塞感の深い時代にあって、この一冊は未来を照らし出す灯火になると考え、心を強く保ちながら執筆・編集・校正を進めた。

思えば、世界が感染症に苦しんでいる時代だからこそ、改めて見直したい昔話があるのではないか。例えば、真室川町の富樫イネさんが語った「狐むがし」（野村敬子編『真室川の昔話　鮭の大助』桜楓社、一九八一年）がある。本書で根岸英之さんが的確な分析しているので、詳細はそれに譲るが、こんな内容である。昔、人と狐はうんと仲が良かった。あるとき、狐が難産で苦しむので、人々が油揚げ飯や赤飯を見舞いに渡した。その結果、無事に出産できたので、狐は親子三匹で歩くようになった。続いて、こんな一節がある。

そうやってだ時、村に悪い病気が流行しただど。人がばだばだじゅうもんで（片端から死ぬ）困って、村では皆ががらがおって（弱って）いだっただど。村の人達は心配してな、それごそ様々な神さんさ御願《おねげ》ばして、おすがりしてだど。祈りあげだり、呪なってみだりしてあんしたどご。ほんでもな、病気はなかなが治らねくて、村の人達は青ぐなっただどは。

村に悪い病気が流行して、人々が次々に亡くなるので、神に祈ったり呪ったりしたが、効果がなかった様子が語られる。「悪い病気」とだけあって、具体的な病名はないが、人々が急死してゆくことから見ればこれは感染症で、おそらくコレラにちがいない。だが、そうした病名さえわからないままに感染症が拡大しているのである。「悪い病気」という言葉には、漠然とした恐怖がかえってよく表れている。

すると、ある夜、狐が庄屋の夢枕に立ち、「今迄村の衆にめごがらった（かわいがられた）その礼に、親子三匹で俺達が悪い病を村がら追っ払ってくへる」と言った。その後、村境に三匹の狐が死んでいたので、庄屋は「狐が村の人達のために、身替りとなって死んでくれた」と教えた。そこで村人達は三匹の狐を埋め、杉の苗を植えると一夜で伸び、一本の根から三本の杉が生えたので、石の神様を祀って、親子杉と呼んで大切にした。これは狐の報恩譚であり、親子杉の由来譚にもなっている。

こうした感染症の話はなかなか昔話には見つからないが、視野を広げて丁寧に探してゆくとないわけではない。例えば、新庄市升形《ますかた》の「いもこえの疱瘡神」(大友義助編『最上地方伝説集』私家版、一九六九年)がある。これは疱瘡の話で、こんな内容になっている。

升形村の川下に「いもこえ」というところがある。むかし、あるとき、村の人々が大勢この渡し場で一服していた。そこへ人品いやしからぬ、白髭の老僧がやってきて、是非向う岸に渡してくれという。村人は驚いて、なぜ、どこへと問うと、老僧は厳かに、「我は疱瘡神なり。我が願いを叶えてくれなば、汝等が子々孫々まで疱瘡を許し申すべし。夢疑うことなかれ。」と答えた。たくましい村の若者が、老僧を背負って、速い川の流れを横切っていった。以後、この村には、疱瘡神ははいってこないということである。「いもこえ」の名前は、このことに由来している。

この話は、若者が恐ろしい疱瘡神を背負って急流を渡ったので、以後、升形村は子々孫々まで疱瘡から守られることになったという報恩譚である。「いもこえ」と地名の由来譚にもなっているが、「いも」は疱瘡、「こえ」は越えの意味で、疱瘡神を背負って急流を渡ったことに基づく。「いも」の意味は忘れられたらしく、注記も見られないが、わかりにくくなった地名が記憶の拠り所になっている。

こうした昔話や伝説は、現代のような科学万能の時代にあっては荒唐無稽に感じるかもしれない。しかし、感染症と向き合って生き延びた人々が、その記憶を後世に伝えようとしたことは間違いない。医療が行き届かず、信仰にすがらざるをえなかった時代の状況を伝えるが、現在の私たちにしても、まず第一には日常生活を律することで感染を防止する点は少しも変わっていない。今、「コロナとともに生きる、新しい生活様式」と言うが、昔の人々はすでに行っていたと考えた方がいい。

そして、何よりも重要なのは、この新型コロナウイルス感染症は突然起こったことではないという認識を持つことだろう。古くからの感染症ばかりでなく、二〇〇二年にSARS（重症急性呼吸器症候群）、二〇一二年にMARS（中東呼吸器症候群）が確認され、その後大流行したが、島国・日本では対岸の火事としか見ていなかった。しかし、こうした新型の感染症が今後も頻繁に発生することは確実である。

この間、感染症の本を読みあさって知ったのは、「感染症の流行も「自然災害」である」（石弘之『感染症の世界史』角川ソフィア文庫、二〇一九年）という認識である。「自然災害」を「気象災害」「地質災害」「生物災害」の三つに分類すると、感染症は「生物災害」に含まれる。感染症が洪水や地震と並ぶのは、それが人間と自然の関係、具体的には人間と野生動物の接近によって発生するからに他ならない。世界の感染者が一〇〇〇万人、死者が五〇万人を越えてしまった今、目前の対処だけでなく、私たちはもっと総合的な認識を深める必要がある。そして、そうした視点から、語り継がれてきた民話を改めて読み直さなければならないと思うのである。

二〇二〇年七月五日

山形県最上郡真室川町略地図

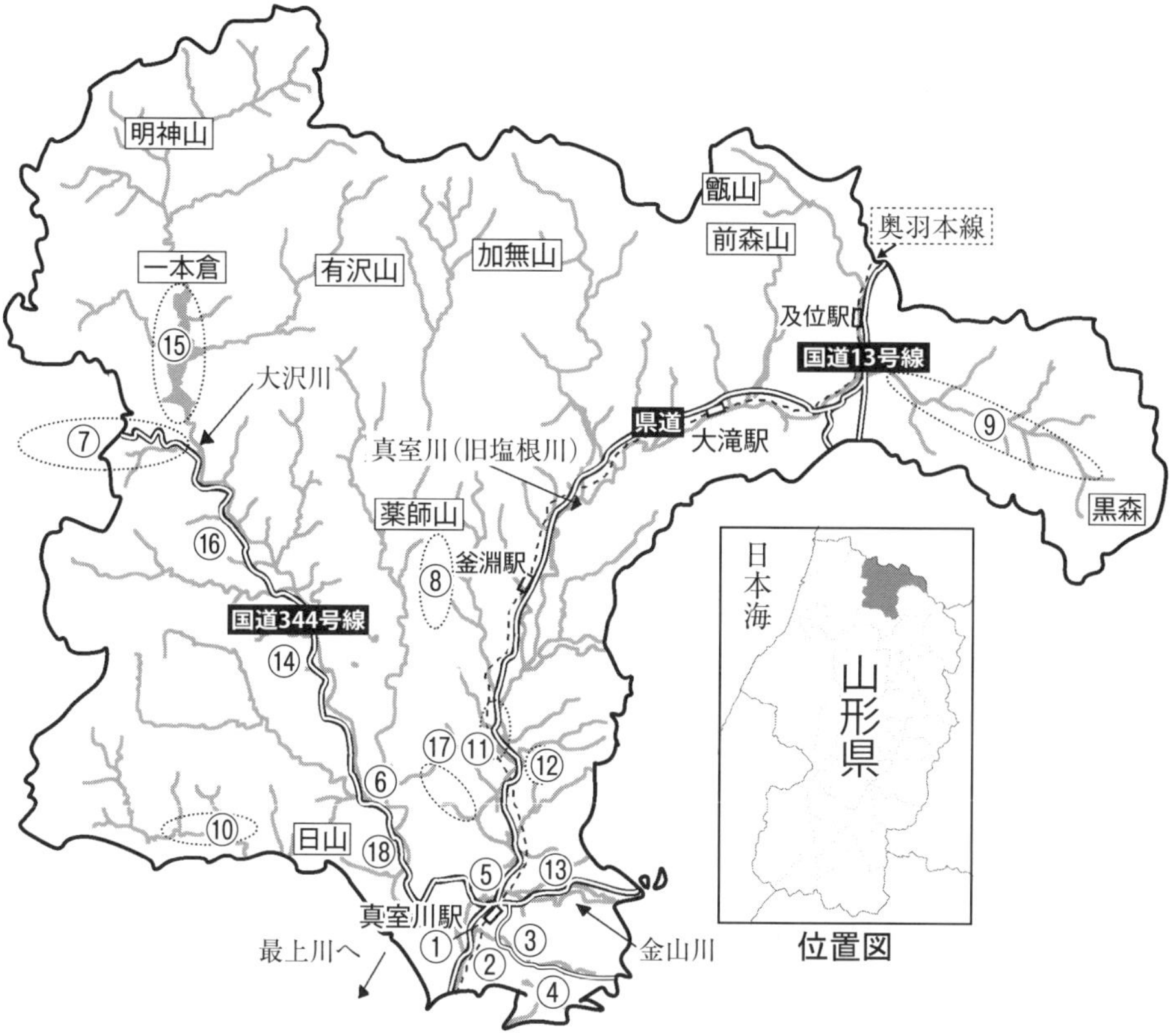

① 真室川町役場	⑩ 西郡
② 正源寺	⑪ 栗谷沢
③ 親子杉（南町）	⑫ 関沢集落（沓沢鷹匠の家）
④ 白鳥の沼（野々村のため池）	⑬ 梅里苑
⑤ 宮沢 天宮権現（つぶの宮）	⑭ 黒地蔵（滝の上）
⑥ 安楽城郵便局	⑮ 高坂ダム
⑦ 青沢峠	⑯ ふるさと伝承館
⑧ 三滝集落	⑰ 十二の長嶺
⑨ 塩根川集落	⑱ 中ノ瀬

真室川町人口
7,366人（令和2年8月）

地図 協力　佐藤喜典
作成　小林千裕

霧の朝

しま　なぎさ

生まれたばかりの
鳥のように
わたしたちは
そこに　いた

天から
紡ぎ出される
やわらかな布に
つつまれて
透きとおる
時間の中にいた

草も
木も
人も
すべてが
ここでは
ひとつの命
真室川の
あたらしい一日が
はじまる

採訪ノート

野村純一・敬子夫妻編著書の展示

第一部　「令和むかし話ワールド」を実施して

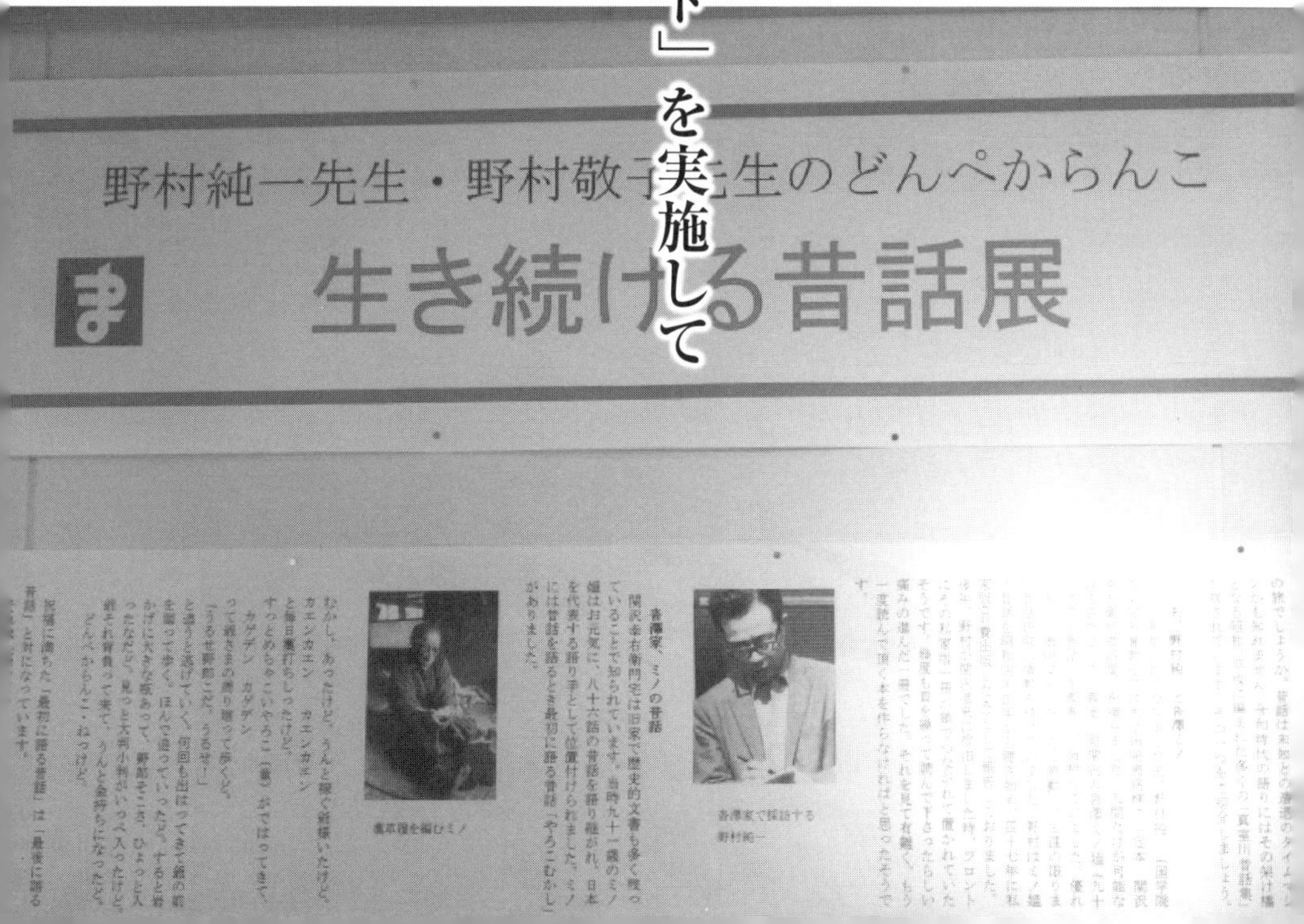

講演

一〇〇歳時代の人生と口承文芸

野村敬子

一　太平洋戦争の生き残りが昔話を語る

令和という時代が参りました。五月から六月にかけて、令和の感動をいただきに、昔話定置観測地の山形県最上郡に出向いて参りました。今日のテーマですが、「長寿」という時代の呼び声が聞こえてきます。昭和から平成に移るとき経験したことですが、私は昭和に積み残したものがあるのです。

先ほど話題になりました新田小太郎さんの昔話を伺いましたのは、陛下がお隠れになってからでした。昭和が終わったことから彼は語りを始め、亡くなるまで、軍隊の話・雪部隊の体験譚をしていました。紀宮様・黒田清子さんが「全国ボランティアフェスティバル」で新庄にお見えになった時でしたが、新田小太郎さんは先ほど渡部豊子さんがお話しになったような戦中での体験を語られました。「昔話は軍隊の言葉では語れなかった」とおっしゃっています。

雪部隊は雪の降る東北六県と新潟県出身の方たちだったそうです。隊員は故郷の言葉で、「どんぺからんこ」だの、いろいろな言葉で昔話を語って、「生きる力のある者は生き、死ぬことを選んだ者は死んでいった」と新田さんはおっしゃっていました。重い言葉でした。私はその聴き取りをして、「日本民話の会」に行って初めて、太平洋戦争の生き残りが昔話を語り出したことを話しました。ちょうど弁慶や義経の話をする常陸坊海尊のような方がいるということを申し上げてきました。民話の会の何周年かの記念に伺った時だったと思います。昭和はそうして遠くなり、平成が新しく始まって、語りの運命も大きく変わりました。

このたびは新しい時代を迎えましたので、その積み残しを気掛りにして最上を歩いて、石井正己先生が触れられた満蒙開拓青少年義勇軍の生き残りの方を探してきました。みなさんがお年を召して、お話は叶いませんでしたが、そうした時代の迎え方がございます。先ほどの資料の中に、子供と関わる言葉として、主人公の老いというものがあると書いたものがありましたけれども、老いは誰にでもやって来る人生のキーワードでございます。

昔話にとっての「老い」がどのようになるかということは、知っているようで知らないのです。『異制庭訓往来』（南北朝時代の初学者向け教科書）の時代以来、「祖父祖母之物語」には語り爺さ・語り婆さがいるということがわかっております。山東京伝あたりが江戸の戯作の絵本を作るとき、童話を「むかしばなし」として「爺婆の物語」という世界を与えて、昔話は年寄りが語るものだという認識はございました。しかし、学的な検証も明確な存在も、この「老い」というものにはないのです。いよいよ私たちはその時代を迎えております。

このたびの採訪で、満州の生き残りは不発でございましたが、鮭川《さけがわ》村に参りました。そして、私が五〇年前に採訪した資料が紙芝居になって、今日によみがえっているのを知りました。鮭川村の子供たちに、どのように工夫して語り口のまま伝えようかと考えて、村の神秘や不思議とか、「与蔵沼」（『五分次郎』参照）の紙芝居を作っていらっしゃいました。感激しましたね。

二　土田マサエさんの異議申立て

そして、久し振りに、『五分次郎』の段ノ下の九兵衛さんをお訪ねしました。このお宅のお婆さまである土田アサヨさんと従妹のマサエさんが、私に昔話が何であるかということを基本的に教えてくださった方です。三日三晩の昔語りを体験させてもらいました。本当に眠かったぁ。大変でしたよ。でも、「それが昔話だ」と言う。囲炉裏にニンニクなんかくべて覚醒し起きて、昔話を語り継いだ。そういうお婆さま方がいらっしゃった。

現在につなぐ鮭川村のその方についての記憶で、一つだけ私は言い残していることがあったと思ったのです。『五分次郎』のマサエさんの昔話が、昭和四八年（一九七三年）一月号『こどものとも』に、松谷みよ子さんの手で紹介されました。その後、松谷さんはそれを『日本の昔ばなし2』（講談社文庫、一九七八年）に「貧乏神と福の神」として入れました。『五分次郎』では「貧乏神」とされた話です。

そうしましたら、私に語ってくださった土田マサエお婆さんが、「東京さ、連れてあべ（連れて行ってください）」と言うのです。原稿用紙にしっかりと自分の語りを書いて、松谷みよ子さんに会いに行きました。昔話を再話されたことへの違和感を示す、彼女なりの誠実さだったと思います。その先がどうなったか、私はよくわからないのですが、確かそれに対して、吉沢和夫さんが、「再話は文学である」と、本来の昔話そのものと違う弁明のような文章を書いたことがありました。

私は語り手のすばらしさというものを鮭川村の土田さんに教えていただいたのです。現代の方はご自身の語りをみんな文字にされております。波多野ヨスミさんが水沢謙一さんに、大学ノートにびっしり原稿を書いたものを持って行ったという話はありますが、再話された自分の昔話に異議申し立てをして、語りのまま文字に書いて持って行ったという語り手は、土田のお婆さんが初めてだと思います。大変イメージが強く残っておりますが、今年（二〇一九年）の秋、鮭川村の文化祭に伺って、その話をする約束でございます。

その昔話は、マサエさんが江戸時代の孫爺さま・孫婆さまから聞いた。それから五〇年経っていますから、ずいぶん古い昔話ということになります。それを今日によみがえらせていらっしゃる。「あのねのね」という紙芝居の団体（吉村厚子代表）でしたが、令和の感動でございましたね。本当に資料が生き延びていくということは、何より大事なことでございます。

その生き延びるということで、私は令和の感動をもう一つお伝えします。やはり満蒙開拓義勇軍からお帰りになったという人が、最上《もがみ》町のある施設にいらっしゃると聞きまして、訪ねて行ったのです。そうしたら、もう亡くなられていましたが、その町で佐藤義則さんの今日的な噂話を聞いてきました。私は佐藤義則さんと同時代の人間で、私はこのように長々と生きていますが、彼は思いをたくさん持ちながら逝ってしまいました。ご病気だったんですね。

その方の思い出を最上町で聞きますと、「今日も顕彰・継承している人たちがいるよ。佐藤義則さんは死んでいないよ」と言われたんです。嬉しかったですね。佐藤義則さんは私ども夫婦と同じ時代に、同じようなことを考えていました。日本の貧しい時代、日本の欠損をよく承知している昔話の研究者であり、文学者だったのです。その彼の思いを今日いまだしっかりと伝えている方がいらっしゃるということを聞きました。

この間知り合いになった、今日この場に千葉県白井市から見えている佐藤義則研究の芦原敏夫さんをご紹介します。芦原さんのご活動のおかげで佐藤義則さんはまだ生きていて、資料とか人格とか生き様というものを次の人に伝えていくことができます。物理的な時間ではない長寿というものもあります。昔話研究の上で未知数でございましたが、より可能性豊かな長寿を考えることができるのではないかと思っております。

三　高橋キヨ子さんの人生と久しぶりの再会

そして、今日、私が皆さまにご紹介いたしますのは、九五歳の高橋キヨ子さんです。新時代の昔話を初めて学問的な場面で聴き取った方でございます。ですから、「令和の新人」と呼んでおりますが、お手元にお配りしたのは、「キヨちゃん」と呼んでいる彼女を訪ねて行ったときのライブでございます。実験をしてみたのです。人文科学の中では実験というのはなかなかできないのですけれども、この場合はちょっと人が悪かったかもしれませんが、キヨちゃんに私どもが実験をさせてもらった録音をそのままそこに記しました。

実は、今日のテーマをはがきに書いて、石井先生

中ノ瀬のキヨ子さんの自宅（撮影・佐藤喜典）

に投函しました。その三日ぐらいあとだったでしょうか、ＮＨＫラジオの三宅民夫の番組を聴いておりましたところ、医療ジャーナリストの迫田朋子さんという方がゲストで出ていらして、「迫田さん。令和のテーマは何ですか?」と言ったら、実にはっきり、「一人暮らしの老人の問題です。これは大変です。今、二〇四万人。すぐに九〇〇万人に増えますよ」とおっしゃいました。ああ、昔話のテーマも令和時代の問題とがっちり組み合っているのだと思いました。私は、キヨ子さんの老いというものと昔話を考えるときに、令和の新しいテーマになり得ると思ったのです。

　その通り、彼女は一人暮らしをしているのです。真室川町中ノ瀬というところに暮らしていた農民でしたけれども、今、子供さんが結婚して家を離れ、家に残った息子さんが病気で亡くなられて、本当にお一人になった。雪国でございますので、一人で暮らすのは大変。雪に閉ざされたら、とても一人で雪囲いから出てくることはできないので、真室川町には一人暮らしの老人を見守りする施設がございます。ワンルームマンションをたくさん抱えているような、その建物に彼女はいらっしゃいました。

　「キヨちゃん」と私が言うので、皆さんは不思議でしょうが、血縁なのです。父親と従兄妹でございます。しかも、彼女も父親も同じ家に生まれ育っている。東北の農家は、機械化農業の前は、人手が必要ですから、兄弟二人にそれぞれ家族を持たせ、同じ家に住んで農業をやっておりました。親が兄弟ということで、『和名類聚抄』（平安時代の漢和辞書）によりますと、私は二従姉妹という立場になります。

　そういう血縁なのですが、キヨ子さんは生まれてすぐに母親を亡くしています。母の顔を知らないということで、家族みんながその幼い者に大変な思いを寄せて、私の父親もずいぶんかわいがっておりました。小さいときには、直系のお祖父さんは慶応生まれの方だそうですが、母に代って抱いて、暗い納戸の中で毎晩昔話を語って寝かせてくれた。そういう体験を持っている方でございます。

そして、私の父親が小さな商いを始めましたときに、キヨ子さんは一〇代で、よく私の家に手伝いに来たり、遊びに来たりしていました。そういう関係があります。遊びに来たときに、私どもに昔話を語ってくれたお姉さんなのです。ですから、私自身伝承体験があり、姉も伝承体験がある。あの昔話はいったいどうなっているんだ、ということを知りたくて、この実験めいたことに出かけたわけでございます。

キヨ子さんが金山《かねやま》町朴山《ほおやま》から真室川町中ノ瀬の家にお嫁に来られたとき、道中の真ん中に私の家がございまして、「中宿」(結婚の民俗)でした。私は文金高島田のキヨ子さんを見ているのです。「方違え」という民俗は『源氏物語』にも出てきますが、そういった考え方でもあったのでしょうか、中宿から出直してお嫁さんになって、花嫁行列を仕立てて出かけて行きました。それが昭和二二年(一九四七年)でございます。それ以来、私はキヨ子さんに会っていませんでした。「お嫁に行った先で苦労をしているから、絶対に立ち寄っては駄目」と親たちから言われていました。嫁の苦労があったらしいですね。そういう形で、私どもは長い間、キヨ子さんの家には行かなかったのです。

私は、昭和三五年(一九六〇年)ぐらいから真室川町をうろうろして、あちらの家に寄りこちらの家に寄りして、真室川の昔話を集めておりました。しかし、親の言葉が大変に身にしみて、彼女の家には行きませんでした。そんなこんなで時間が経っていったある日、キヨ子さんがばったり出会った一番上の姉に、「遊びにいらっしゃい」と言ってくれたそうです。聞けば、一人暮らしのシェアハウスにいて、新しい暮らし方を始めたということです。私は、これはチャンスと思って、早速出かけたわけでございます。

四　一〇〇歳時代の採訪を行うこと

　高橋キヨ子さんは、大正一二年（一九二三年）四月八日、最上郡金山町朴山、近岡次郎兵衛というところに生まれました。次郎兵衛は屋号でございます。結婚をして、ずっと真室川暮らしをしていらっしゃったのです。そこに写っている近岡禮子というのが私の長姉で八八歳、次姉の松田洋子が八三歳、野村敬子が八〇歳でございます。世の中に「老々介護」という言葉がありますが、昔話の採訪にも「老々採訪」。合わせて二五一歳でしょうか、なんか大変な年齢で、まさに「一〇〇歳時代の採訪」ということになります。結婚されたというキヨ子さんの娘さんが見えてまして、一緒に昔話を聴きました。

　キヨ子さんに、長姉が、「少女時代にキヨちゃんが添い寝をしてくださったなよ。今考えると、そんなに年は違わないのに、ずいぶんお姉さんだと思っていたなよ。いつもいろいろ話してくれた。添い寝をしてもらって聴いた、『頭に口のある嫁さんのむかし』、覚えているなよ。キヨちゃん、今も語れる？」と話しました。これは私のふるさとの言葉でございます。そうすると、キヨ子さんは、「ああ、あれ」と言って、「あれは、敬子ちゃんが生まれるとき、洋子ちゃんが生まれるとき、家に行って語ったものだ」と言うのです。洋子ちゃんは八三年前、私は八〇年前の誕生です。八〇年間、八三年間、昔話というのが忘れずにあったのかと、本当に不思議に思いました。そして、「頭に口のある嫁」というのをそこで語ってもらったんです。「食わず女房」ですね。この「食わず女房」についてはのちほど申し上げます。私が麻疹で寝ていたときということですが、「昭和二〇年（一九四五年）か二一年（一九四六年）に聞いた、『一粒、千粒なれ』というあれは？」と聞いたら、「猿むかし」を語ってくれました。

　近岡の家では、節分というのをやりません。ですから、姉が不思議がって、「どうして、近岡の家では節分をやらないの？」と言ったら、「鬼の豆の話」をしてくれました。浄土真宗だから、節分はしない

前列　中央　高橋キヨ子さん
後列　左　近岡禮子、中央　松田洋子、右　野村敬子（撮影・佐藤喜典）

し、お盆の棚も作らないのです。「門徒もの知らず」というそうですが、そういうこともあって、昔話を思い出すことが展開しました。八〇年ぶりで聞く昔話なんですね。私は長い間この町に関わりましたが、こんな昔話の採訪は初めての体験でございました。

私がもっと驚いたことは、そこにいて、一緒に昔話を聞いていらした娘さんはお母さんが昔話を語る人であると知らなかった。「生まれて初めて、お母さんの昔話を聞いた」と言うのです。ですから、今度は私がびっくりです。「本当に、八〇年語らなかったの?」「んだぁ。だって、別家の嫁だもん」、こう言いました。「別家の嫁」というのが何だかよくわからなかったのですが、それは、本家が姉家督の家だったのです。長男を他所に出して、長女を家督相続に置いていく、山形県によくある相続の形でございます。第一子相続の一つですが、「女を家に置いておくと金持ちになる」と言います。先ほど申し上げた『五分次郎』の鮭川の土田家は七代続く姉家督です。先ほどお話をしてくださった渡部豊子さんのお祖母さまがお出になった、新庄市萩野の才兵衛のお宅も姉家督でございます。

五　姉家督では見えなかった問題

私の夫・野村純一は、その姉家督と昔話をライフワークに致しまして、『五分次郎』に始まって、新庄市の『萩野才兵衛昔話集』、真室川町の『関澤幸右衛門昔話集』を作りました。最後に癌病棟でまとめて亡くなっておりますが、姉家督の家に集まる昔話の豊かさというのをずっと継続的に報告しておりました。

例えば、柳田国男生誕百年記念国際シンポジウムが昭和五〇年（一九七五年）に行われております。文部省も日本民俗学会も関わったものでございますが、外国からも、アメリカのドーソンさん、韓国の任東権《イムトングォン》さん、ドイツのナウマンさん、スイスのクネヒトさんなど、著名な先生方がお見えになって、お話をされていらっしゃいます。野村は四〇歳ですね。ちょうど昔話の姉家督の研究を始めたころで、研究発表をしております。それが昔話と「イエ」でした。死ぬときと同じテーマで研究発表をしております。その中には、姉家督の家ではお金や位牌や財産の相続と一緒に、語りというものが相続の対象になる伝承権というものがあるのではないかということを報告しています。今まで昔話や語り手については感覚的で印象的な発言の中だけで研究されていたけれども、そこから解放されるのではないかと発表しております。

高橋キヨ子さん（撮影・佐藤喜典）

しかし、キヨちゃんが言った「別家の嫁」。長女の家の屋敷に新しい家を建てて、長女の家の田んぼを耕すわけです。それは精神生活もかなり従属した暮らしをするということなのです。その別家の姉コであったキヨ子さんからそれを聞くまで、私は、本当に姉家督の家の光だけを目にして、別家の影というものにまったく気づかないでおりました。

キヨ子さんは、「別家の嫁だもの、昔話なんか語ってらんねべぇ」って言うんです。娘さんも、「お母さんは働くだけで、何もしなかったねぇ」と言って、気がつけば本家の台所に立っていたということですね。ですから、キヨ子さんに聞くと、お嫁に行ったのが昭和二二年、もうＧＨＱの農地解放が始まって、終局、耕していた本家の土地は、安く自分たちに譲り渡してもらいましたということです。

しかし、精神面はまったく旧来と同じだった。本家にある物は買っては駄目なんです。「今日は何人お客が来ますから、布団を貸してください」と言うと、姉家督のお姉さんが、「ほんだらば」と言って、蔵から布団を出してくれる。「今日は村の人寄せがありますから、朱膳朱椀と皿小鉢を貸してくださ い」と言うと、「あねこ。でんじ（大切に）使えよ」と言って釘を刺されて、借りてくる。キヨ子さんは、

「それが嫌で嫌でたまらなかった」と言っています。借りに行くのは嫁さんの仕事なんだそうです。

そういった暮らしをしてきたので、苦痛もあったと思いますが、このお顔を見てください、少しも生活の苦労の影がありません。すっかり綺麗なお婆さんでしたが、背が高いのです。昔ならばよほどの高さです。彼女は、「それがコンプレックスだった」と言っておりますけれども、「パリコレのモデルになれたわね、今だったら」と、私は言っております。そういう制度の中にある人々の暮らしというのがあり、私は彼女に会って、見たつもりでいた忘れ物が見つかりました。

日本の昔話研究は昭和時代に大いに進みました。しかし、それは人間から昔話を剥がしていったのです。聴き取った昔話をデスクの上に山盛りに盛り上げて、それらをタイプ・インデックスで分けてきた。片っ端から分けて、昆虫採集のようにずっと並べてきた。そういう作業が世界的に行われて、世界中のタイプ・インデックスの仕事は粗々終わって、もう昔話の研究は終わったと、つい感じてしまいます。

しかし、人間と昔話の関係はあまり研究されていないんじゃないでしょうか。私は事実だけを申し上げますが、私たちは年寄りから聴きたいだけ聞いて、昔話を知らない人には近づきもしなかった。昔話を聞いて剥がしてきたのですが、その人たちの老後というのは何だったのでしょうか。

六　事実を積み重ねて見える老人問題

昨年（二〇一八年）、杉浦邦子さんと『老いの輝き平成語り』（瑞木書房）という本を出してみました。平成時代三〇年間おつきあいした人の語りを看取りました。例えばこんなことです。昭和二年（一九二七年）生まれの藤山キミ子さんから、「何月何日に来て頂戴。このごろ、『巡礼おつる』を忘れそうになっているけど、思い出したから来てください」という電話です。それで、私はそれを聴きに行きました。「ビデオを持って来ていいよ。髪を染めて、美容院に行って来るから」と。行ってみたらお通夜でした。お嫁さんは、「おばあさんは死ぬ間際まで昔話のことを考えて、とても楽しそうでした。できた本は家の宝にします」と仏壇に上げてくださった。昔話を語りながらぼける人はいないんじゃないかなぁと、そのとき思いました。そういう例があるんですね。

もう一人は婦人会長など、村のリーダーをされた方です。ある日、ご夫妻で山へ山菜を採りにいらっしゃったのですが、奥様が迷子になってしまう。大騒ぎをして、ヘリコプターも出て捜しました。ニュースにもなりました。私たちは心配しましたね。そうしましたら、翌日、無事に山から下りて来られたのです。以来、彼女には「ぼけ老人」のレッテルが帖られてしまいました。

それから、ご夫婦でどこへ行くにもご一緒ということになって、語りの会にもご夫婦でいらっしゃいました。『老いの輝き 平成語り』の最後の仕上げの聴き取りをさせていただいた日、温泉施設に行って、一日ゆっくり聴き取りをさせていただきました。全然ぼけていないのです。「ぼけてる、ぼけてる」と言われた彼女の昔話を、平成元年（一九八九年）に語った資料と向かい合いながら聴きました。一つの乱れもないのです。私は聴きながら涙がこぼれました。もう本当に感動しました。

人にとって記憶というのは何でしょうか。「時間老年学」という学問があるそうです。大塚邦明さんは島皮質（リトル・ブレイン）という脳のあるところに、人間のこころがあると記しています。他にもいろいろ脳の研究をしている方がいますけれども、昔話の記憶というのは人間の脳のどこに入っているのでしょう。お年寄りの尊厳のために、昔話というもの、人間にとっての文芸記憶というものを、もうちょっと真面目に研究していただきたいと思いました。帰りに、配偶者の方が、「野村さんがちゃんと聴いてくれたから、妻は元の昔話を語る妻になりました。本当にありがたい。今日は二人で終バスまで温泉で遊んで帰るから、お帰りくださっていいですよ」と言ってくださって、私も東京へ帰りました。そのことは本に記録してございます。

これには続きがありました。配偶者の方とはそれがお別れでした。次に伺ったのはお葬式でした。三〇年皆様方とおつきあいをしてますと、年間四回ぐらい喪服を着て新幹線に乗ることがございました。一人一人別れてきました。残された女性は特別老人施設にお入りになった。

ある日、私のところに、友人が「野村を捜している方がいるみたいだから、行ってあげたらどうか」と言ってきたのです。私は、もちろん許可を取って、その特別老人施設に行きました。そうしましたら、とてもお元気で、抱き合って喜んで、「この次来たら、昔話を語ってあげるね」と言ってくれました。しかし、私はもう行かれないのです。特老の施設が、「来られては困るかも知れない」のです。

なぜかと言えば、その夜、彼女の霞のかかった記憶が晴れてしまったのです。「昔話を語るために、資料が欲しい。ノートがない。本がない。モンペがない。作務衣がない。うちへ帰りたい」と言う。職員さんは大変苦労したようですね。興奮しているのをなだめて、昔話のことを忘れてもらうわけです。

これについて、皆さんはどう思います？　昔話というのは何でしょうね。老人が、「うちへ帰って、資料を読まなきゃ」と言った覚醒の仕方。事実をいくつもいくつも積み上げて、私たちは聴かせていただいたお年寄りたちの生理的・社会的・人間的な総体の老いと昔話を研究するということが、これからあっていいのではないか。もしかしたら、老人の暮らし方のメニューの中に、そういったものが入るかもしれない。事実を事実として積み上げていったところに、本当の老人問題が見えてくるのではないかと思うのです。

七　もう一つの「食わず女房」の再評価

本日これだけは申し上げたいと思っていたことを先に述べさせていただきました。ほんのわずかですが、キヨ子さんのお声を聞いてみてください（キヨ子さんの映像）。これは「真室川音頭の由来の話」です。私たち近岡の娘に発する、「真室川音頭の発祥の話」があるのですね。近岡というのは自分の家の先祖で、その話です。これは、口語りというんでしょうか、伝説というんでしょうか、世間話というんでしょうか、キヨ子さんの非常に柔軟な口承文芸の世界を知ることができます。八〇年間昔話は語らなくても、世間話は大いに語っていたということで、いい語り手ではないかと思っております。私はそれを文字に起こしておりますけれども、何十年ぶりかで会った人が、私たちの上にある最も興味深い口承の世界を開いてくれるのです。

キヨ子さんの「頭に口のある嫁」を見ると、非常に古いです。「食わず女房」を読んでいただくと、蓬菖蒲の由来がついておりません。「キヨちゃん、これだけ?」と聞くと、「そうだよ。お祖父さんが毎日これを語ってくれた」と言います。

＊

頭に口のある嫁

むがし、むがし。

ある村さ、うんとしみったれたケチくさいアニ(男)いたけどな。年頃になっても、ケチなもんで、ワゲ嬶(妻)さ食わせるママ(ご飯)がいだます(惜しい)って、嬶貰わねがったど。

ほしたらな、ある日、

「ここの家ぇあ、ママ食わねワゲ欲しでて聞いたげんとも、おれ、ママ食わねぜ。ママ食わねで働くで」

て言うオナゴ来たけど。アニ、ママ食わねて聞いて、

「ほんだこんだら(そういうことなら)、いたらいいべ」

って、置いた(結婚した)ど。

そのオナゴじゅうもの、頭さ被り物してな。手拭のような、角隠しのような、今で言えばスカーフのようなもの被って、ほっても(まったく)脱がねけど。いつでも頭隠してな。

本当にママ食わねけど。何日たってもママ食わねけど。

アニ、不思議してな。ママ食うたんび(度)に不思議してな。

ある日、山さ稼ぎ行くふりしてな、梁の上さ上って行ったど。昔しゃ、囲炉裏の上、火棚の上さ梁米どんて(と言って)、煙の掛かる場所さ、横木渡して米置いておくもんだった。煙の上がる所さな、俵さ入れてよ。そさ(そこに)上って行ってな、米さねまって(座って)、下かつ見ていだとな。

オナゴ、人居ねぐなったというと、ワゲ、米とぎ

はじめだけど。ザアック、ザック、ザアック、ザックと、米といで、ママ炊きはじめた。ママできると、こんだ、頭の被り物といったけ、下がら大っき口出はったけど。すっと、ママの中さ手入れて、ママばてづかみでな、ジャエンジャエンと、頭の口さ入れんなだけど。アニ、どでして（仰天して）下さ降りてきてな。

したら、オナゴ、わかったら、すかたねべ（致し方ないだろう）って、どこかさ行ってしまったけど。蔵見たらば、米みながら（全部）空っぽになってだけど。

どんぺからんこ。

＊

昭和三〇年代、私が信州大町へ行って、それから松本へ採訪したとき、これと同じ、被り物を被って脱がない嫁さんの話を聞いてきました。しかし、あのとき、私もまだ初心でございましたね。研究室に大学院生がいたので、持ってきた資料を見せたのです。渡辺昭五さん、福田晃さん、岩瀬博さんが大学院生でした。そうしたら、「これは駄目だ。断片だ。本性のわかった嫁がもう帰ってしまうだけで、蓬菖蒲の由来がついていないので、昔話としては半端だ」と言うのです。忘れもしない。そして、棄てたのです。

キヨ子さんに八〇年ぶりに話を聞いて、びっくり。同じなんですよ。それで、私は探してみました。もちろん、自分の採訪資料は、もうございません。ただ、青色の表紙の民話と文学の会の資料集に『長野県飯山の昔話』がありまして、そこに手拭や被り物を脱がない嫁さんが一杯ご飯を食べてしまう話が載っておりました。キヨ子さんの話を聞いて、やはりこれは、もう一度、異類女房譚の一つのパターンとして、蓬菖蒲のつかないものを顕在化してみたいと思います。このテーマは、大島広志さんが作られた一覧にも取り扱われています。

もともと、『芦屋道満大内鑑』の「信田狐」、『下野風土記』に出てくる栃木の御亭谷池に帰っていく「蜘蛛女房」、みんな露見すると帰ります。「食わず女房」だけが、桶に入れて夫を攫《さら》っていく派生譚がついているのですよね。ですから、もしかしたら、わかったから帰っていく、でも、けちんぼな男がよく見たら、お米を全部食べられていたという話で終わるんじゃないかしら。異類女房の一つの形として、これを大事にしてみたいと思っております。

もう一つは「猿むかし」で、猿を捕まえるところで、古風な「ひこぐし」という縄で作った罠《わな》を使っているんです。猿を捕まえるとき、たいていは、江戸絵本の影響で「とりもち」です。しかし、東北にモチノキはありません。ですから、今、資料集を眺めてみますと、みんな餅を搗いている。猿を捕まえるのに、東北では餅を搗いて、「婆、婆、猿捕まえるから、餅搗いておけや」「あいよ」って言う。お餅ではなくて、本当はとりもちです。ですから、ここに「ひこぐし」という古風な罠が仕掛けてあるということを考えながら、キヨ子さんの昔話について、江戸時代のお祖父さんから聞いたということを検討し直していく楽しみもあります。

八　日本から始まった語り手研究

インドのネルー大学のチョーハン教授がおいでになるというので、朝早くから楽しみに参りました。渡部豊子さんがネルー大学に行って語られて、チョーハンさんのお電話では、「インドで語り手の研究を始め、語り手の存在感を増していく方向に持って行きたい」と言うことでした。「インドで日本発の語り手の学問をしたい」ともおっしゃっていました。「私はもう年をとったから行けないけれども」とお断りしましたが、とても楽しみなことが起きてくると思います。

中国の遼寧大学蒙古族の烏丙安《ウヘイアン》教授が國學院大學の野村純一研究室に留学して来られました。日本の語り研究の方法を中国民間故事学会に持って行かれて、中国では非常に盛んに昔話の研究が行われました。今日、さっき蒙古族の方の発表を伺いまして、その影響と思いました。

今、G20で、中国から習近平氏が日本にお見えです。彼は、今年、アジア文明対話大会の中で演説をしていらっしゃいます。とてもよいお話だと思いまして、メモしておきました。『リグ・ヴェーダ』『タルムード』『千夜一夜物語』『源氏物語』、もちろん、中国の『詩経』『論語』も入っております。これらの文献を挙げて、「こうした文明・文化を持つアジアを自分は誇りに思う」とおっしゃったんだそうです。日本の政治家でこういうことをおっしゃる方はいない、さすがに中国だなと思っておりました。

遠い昔、岡倉天心が同じことをおっしゃっていましたね。アジアを一つとして、伝承文芸を自分の国の象徴的なものとして捉えていくということを身をもって表現しました。彼は「信田狐」の戯曲（オペラ台本 The White Fox（『白狐』））をお書きになって、アメリカで最愛の人物に献呈したということがあります。自分の愛の限りを表現するのに、彼は伝承文芸の「信田狐」の愛というものを、他所の国へ行って表現している。私たちは、アジアの人々と相和しながら、なおかつ日本の文化というものが何であるかということを振り返るときに、伝承文芸というのは、やはり大きな手掛かりになるのではないかと思いました。大和時代に伝わった『雑宝蔵経』の〃棄老〃国には、老人の知恵が国を救った話があります。いろいろと申し上げましたけれども、老いというものを考えていくときに、今まで本当に年を取った人の文芸として聴き取りに行きました。しかし、その方の総体の生き方との兼ね合いにおいて、自分たちが聴き取ってきた昔話というのはいったい何であったかということを考えるところでございます。

今日は、戦争の話とかいろいろとございましたけれども、高橋キヨ子さんはジェンダーなどというものは度外視していて、戦争中兄が出征して、そのあと村に残ったのは病人と老人だったそうで、娘時代には馬を使って農家を切盛りしたそうです。村にたくさんの人がいても、馬を使って、耕したり、田植えをしたりしている娘は彼女だけだったそうです。馬がとてもかわいくて、好きでしたが、次々に馬が軍馬として出征していきました。何もなくなったところで、女にも使えるサラブレッドを買ったそうです。そのサラブレッドに「ユウコ」と名前をつけて、馬に教えてもらいながら農家をしていたそうです。彼女はユウコも手放して、軍隊に出征させたのです。そのとき、新庄の駅に送っていって、馬の頬を叩いて、「ユウコ、よく御国のために戦ってくるんだよ。

働いてこいよ」と言ったら、ユウコが夏ミカンの種のような涙をボロボロとこぼした。口承の芸術性そのものです。そういうふうに話をして、彼女も泣くんです。人にとって戦争とは何かということを考える。

そして、結婚してからは、馬を使えるというと、「女の癖に」と言われるから、馬には一切触らなかった。けれども、戦争中の記憶をお話しくださるとき、ジェンダーというのは何だろうと思いながら聞いておりました。いろいろな人生を織り込んだ、令和の語り手による昔話が、今これから始まります。その御報告をして、今日は終わらせていただきます。

（二〇一九年六月二九日、東京学芸大学にて）

参考文献

・臼田甚五郎監修、野村純一・野村敬子編『五分次郎―最上・鮭川の昔話―』桜楓社、一九七一年
・大塚邦明『健やかに老いるための時間老年学』ミシマ社、二〇一四年
・野村純一・野村敬子編『萩野才兵衛昔話集』私家版、一九七〇年
・野村純一編『関澤幸右衛門昔話集』私家版、一九七二年
・野村純一編、清野照夫写真『「定本」関澤幸右衛門昔話集―「イエ」を巡る日本の昔話記録―』瑞木書房、二〇〇七年
・野村敬子・杉浦邦子編『老いの輝き 平成語り―山形県真室川町―』瑞木書房、二〇一八年
・野村敬子編『令和元年 真室川昔話発信ノート―95歳の新人・高橋キヨ子さんの語り―』瑞木書房、二〇一九年
・松谷みよ子『松谷みよ子の本　第8巻』講談社、一九九五年
・『長野県飯山の昔話』民話と文学の会、二〇一一年

付記

この講演録では引用できなかった「真室川音頭の由来の話」などは、新刊の野村敬子編『令和元年 真室川昔話発信ノート―95歳の新人・高橋キヨ子さんの語り―』（瑞木書房）に収められていますので、合わせてお読みくだされば幸いです。

（石井）

講演　# 真室川の民話

石井正己

一　日本の昔話をつかまえるために
――戦前の遠野／戦後の最上

今日はこういう席で皆様方にお話しできますことを、大変光栄に思っております。真室川《まむろがわ》は、野村敬子さんの大事な大事な故郷です。私も真室川のファンの一人ですので、恩返しができればと考えています。昔話には「鶴の恩返し」のような恩返しの話がたくさんありますが、この思想は私たちの中で次第に希薄になっています。そこで今日は昔話に学んで、学問の恩返しをしたいと考えています。

野村純一さんと敬子さんは私の大先輩で、その背中を見ながら、若い頃から勉強してきました。今日も宮崎の矢口裕康先生はじめ、多くの方がお越しくださっていて、野村純一さんは國學院大學で多くの研究者を育てられました。そうした方々をさしおいて、私がお話しするのも厚かましいのですが、ご夫妻は出身大学にこだわらず、この学問を底上げしようという志で若い世代を育ててくださいました。今、そうした開かれた学問こそ必要です。

私は昔話を研究して三五年あまりになります。日本の昔話をつかまえてみたいと思い、南の沖縄から北の北海道に連なる日本列島を見渡しました。その際に注目したのが岩手県の遠野でした。遠野は柳田国男が『遠野物語』（私家版、一九一〇年）を残し、その語り手・佐々木喜善が『老媼夜譚《ろうおうやたん》』（郷土研究社、一九二七年）や『聴耳草紙』（三元社、一九三一年）などの昔話集を残しました。遠野をやれば、日本の昔話がつかまえられると考えたのです。

　しかし、佐々木喜善が早く亡くなりましたので、戦後の昔話をつかまえるのはどうしたらよいかと考えました。そのときに注目したのは山形県でした。置賜《おきたま》地方には武田正さん、雪深い最上《もがみ》地方には大友義助さん、佐藤義則さんがいらっしゃいました。そして何よりも、東京から野村純一さんが最上地方の昔話を掘り起こしに通い、ご出身の野村敬子さんがそれを支えました。戦後の日本の昔話をつかまえるには、この最上地方をとらえればいいと考えたわけです。

　日本を平板に見るのではなく、遠野と最上という最も豊かな地域をつかまえれば、そこから日本の昔話が見えました。

講演者

　そして、今日は宮城県亘理《わたり》郡山元町から庄司アイさんたち三人がお見えくださっています。東日本大震災のつらい体験を通して、昔話より広い視野で民話の意義を発信したのは、やまもと民話の会の『巨大津波』三冊（やまもと民話の会、二〇一一～一二年）でした。春の約束どおり、こうして真室川に来てくださったのはうれしいことです。私はこうした方々と一緒に、改めて東北から昔話を考えてみたいと思っています。
　大学院生のときから、最上地方の昔話集を買って読んでいました。やがて野村純一さんと敬子さんが目をかけて、ご自分の本が出ると必ず贈ってくださいました。先ほど真室川町立歴史民俗資料館に展示された著作を見て、パンフレットに載った写真を一覧してみても、見事だと思います。私がそのほとんどを持っているのは、今日の講演ために準備してきたようにさえ思うのです。
　展示の中には、研究を支えたノートが置かれております。こつこつとノートをとりながら、それが一つ一つのテーマになっていったことに気づきます。その奥には録音機があり、文字になる前の声を聞くことができたのは大きな感動でした。ご夫妻の研究が録音技術の進展とともに花開いたことを思わずにいられません。そうした意味でも、今回の展示は、昔話とその研究の舞台裏まで見せてくださったという点で、画期的なことだったと思います。私たちはここから次の研究を考えることができます。

今日は、ご夫妻の研究を支えた二人の恩師のことを交えながらお話を進めたいと思います。一人は國學院大學教授の臼田甚五郎（一九一五～二〇〇六）先生、もう一人は日本昔話の国際的な比較研究をなさった関敬吾（一八九九～一九九〇）先生です。この二人との出会いがこのご夫妻にとって重要であり、その学問をとてつもなく大きくしたと言って間違いないと思います。それが真室川の昔話とどのように関わったのかということをお話ししてみたいと思います。

二　学問を生活の中におろすこと
――臼田甚五郎『欧米通信　孤悲記』

臼田甚五郎先生は國學院大學に長く勤め、歌謡と昔話を中心に口承文芸の本格的研究を進めました。一九六五年にアメリカ・ヨーロッパを旅行され、教え子たちに出した手紙が『国文学者の欧米通信　孤悲記』（南雲堂、一九六六年）として出版されました。書名はこの旅行に『万葉集』を携えて行ったことに由来します。『万葉集』には「恋」を万葉仮名で「孤悲」（孤《ひと》り悲しむ）と書くことがあるので、これを表題にしたのです。たいへんおしゃれなネーミングです。

その中に、ご夫妻に宛てられた書簡が何通か入っています。この時、臼田先生は五〇歳、野村純一さんは三〇歳、野村敬子さんは二七歳です。ご子息の典彦くんが生まれたばかりでしたので、五月一四日のイギリスからの手紙には、「典彦君が元気で大きくなつた由、どんなにか可愛いいことでせう」と見えます。「こちらのおんなの人の髪が（当然男の人も）やはらかなのは、湿気がなくてからつとしてゐるからであらう。といふことです。皮膚は二十七八くらゐから皺がよりますね。目がほりが深いといつても、実は、ものすごく皺がよつてゐます。女の人のきれいなのは十代までです」とあります。今なら問題ですが（笑い）、臼田先生は遠慮せずにおっしゃいます。

そのとき、先生は大英博物館をご覧になっています。「大英博物館を見てゐるといろ〳〵考へさせられる。昨日はギリシヤの神々、特にSatyrの一連をながめて見た。その像の変化を見ると竹取翁の問題を改めて考察してみたくなる。この事を云ひたいのは、君達も、外国語をマスターして、論文を読みかつ発表出来るやうになることだ。純一君が、英独をこなし、敬子君が仏をこなすくらゐの計画をたてるとよろしい。私も五十の手習を始めるから、さあスタート」。「Satyr」（サテュロス）はギリシア神話に

印度のSIVAとPĀRVAT、12, 3世紀

登場する半人半獣の自然の精霊です。

この話はとても大事です。柳田国男も国際連盟委任統治委員でヨーロッパに二回行き、ヨーロッパの博物館をたくさん見て、大きな刺激を受けています。『桃太郎の誕生』（三省堂、一九三三年）では桃太郎が桃から生まれた意味を述べ、『海上の道』（筑摩書房、一九六一年）では宝貝のことを書いていますが、それらはヨーロッパの博物館で気づいたテーマでした。ヨーロッパの博物館が後の柳田の学問をつくったのですが、臼田先生も同じだったようで、大英博物館で「竹取翁の問題」への刺激を得ています。

そして、外国語の習得を勧めるのです。イギリスでの経験から、若いお二人の学問が世界に開かれてゆくことを願ったのです。この手紙には、ボストン美術博物館蔵のインド神話のシヴァ神とパールヴァティー神の絵葉書を入れて編集しています。ご夫妻が後にインドの昔話を視野に入れてゆく淵源がこうしたところにあったと気づきます。

さらに重要なのは、七月一九日のスウェーデンからの手紙です。「いよ〳〵二年目の里帰りが近づい

ストックホルムの北方博物館蔵、昔の台所

た由。学問を生活の中におろしてゆかうとしてをる貴女の態度は正しい。ぜひ一生さうした気持で貫ひてください。切角民俗学をやつても、とかく実生活には落差を大きくしてゆくやうな人が多いのを私は残念に思つてゐました。それを貴女は堅実に生活と学問を一体にしてゆく意欲をもちつゞけて踏み進んでゆく。実にうれしい」。これに先立つ手紙が敬子さんからあり、それを踏まえて、「生活と学問を一体にしてゆく」ことを期待したのです。「正しい」「うれしい」という言葉で背中を押し、敬子さんはその言葉に導かれて、今日まで来られたことがわかります。

そして、「勿論、純一君のよき理解あつてなされることを忘れないやうに。一人では出来ない、二人の力をあはせたればこそ、といふ仕事をして下さい」と述べ、さらに、「典彦君をも入れて立派な計画を立ててください。親一代だけでない仕事を」と励まします。典彦くんはまだ生まれたばかりですが、家族の学問の構築を望んだのです。展示には典彦くんの『鉄道と旅する身体の近代』（青土社、二〇一一年）が並んでいました。臼田先生の言葉どおりに、ご一家で学問を進めてきたのです。この手紙は、野村家にとって大きな意味を持ったにちがいありません。

さらに、「私の夢は、伝統研究所を設立して、世界の学者との交流をはかり、各国の民俗現象を人類学的な発想で考へまとめてゆくことです。また、さういふ学問の、あるいは志の後継者をこしらへてゆくことです。女の人々にも、はたらいてもらひたいと思ひます」と記します。国文学者・民俗学者の臼田先生が「各国の民俗現象を人類学的な発想で考へまとめてゆく」と述べているのは意外ですが、まったくそのとおりの理想です。私たちもこれに近づく努力をしなければなりません。

そこに、ストックホルムの北方博物館蔵の昔の台所の絵葉書が載っています。この台所の写真には「竈と天井にかけたパンが印象的な昔の台所」という説明がありますシリジャンの田舎のパン屋ですので、距離はあるにしても、これは日本の台所との比較を望んでいるにちがいありません。「各国の民俗現象を人類学的な発想で考へまとめてゆく」ことへの示唆であり、この学問の世界化への希望だったはずです。こうした手紙を公開してくださったことで、半世紀前にあった学問の情熱を知ることができます。

三　姉家督と語り手を発見する
――野村純一編『関沢幸右衛門昔話集』①

では、真室川の昔話に移してゆきましょう。野村純一さんがこの真室川で手がけたものに、関沢集落に通って編んだ『関沢幸右衛門昔話集』(私家版、一九七二年)があります。ここで取り上げた沓沢《くつざわ》ミノさんは一八八一年の生まれで、当時九一歳でした。この中には、一九六九年五月から七二年三月まで聞いた八五話が収められています。冒頭に、臼田先生の「序」が載っています。

初孫の豊日さんの成長に触れつつ、母親が「桃太郎」を繰り返し聞かせると、いつも一心に聞いていることから、「同じ話に耳傾けるといふ様子はおもしろい」と感じます。そして、「昔話を語つてやることは、魂のスキンシップになるのだと言へよう」と指摘します。敬子さんは「魂のスキンシップ」というようなことをよく言われますが、これは臼田語彙であったことに気がつきます。そして、臼田先生はそこからすっと『関沢幸右衛門昔話集』に入り、この昔話集の意義を見事に説明します。

それは、「沓沢ミノ嫗は全く文字を知らないで育つた由である。それにもかかはらず百に垂んとする昔話をおぼえてゐて語つた」という指摘です。ミノさんは無文字の伝承者です。そうした昔話の「記憶」の源泉を、「恐らく魂のスキンシップによつて、昔話を身につけたのではあるまいか」と推測します。身近な子育ての見聞から、いわゆる「百話クラスの語り手」が生まれる秘密を考えてゆくのです。そして、「文字を知らない人の伝へる口承文芸がかくも見事なものであることを示してくれたのは天晴れな手柄である」と評価します。

今は文字を覚えるのは当たり前で、それが記憶の邪魔になることは意識しません。情報化の時代を迎えて、誰もがスマホを使い、生活の必需品になっています。最近は大学の授業でも、「スマホの電源を切りなさい」と言って始めるようになりました。私たちはスマホに依存しているために、「脳の外部化」が急速に進んでいます。さらにビッグデータを処理する人工知能ＡＩが普及し、さまざまな判断を任せはじめています。震災における記憶の風化が問題になりますが、これもまた情報に委ねつつあるように思います。そのときに、この昔話集は時代を越えて大きな輝きを放つように思われます。

臼田先生は「1　やろこむかし」を引きながら、「昔話に擬声語・擬態語の多いことは普通であるが、それにしても、沓沢ミノ嫗の語りには一段と多く感ずる。話核とも称すべき唱へ言や歌句も豊富である。これらがおぼえの舫《もや》ひ綱《づな》になつたのであらう。子供たちの魂を魅して止まないものである」と指摘します。ここには「語り」という言葉が見え、やや落ち着かない「話核」という言葉も見えます。簡単な指摘ですが、無文字の語り手の本質に鋭く突き刺さる分析が始まっています。

野村純一さんは巻末に、「幸右衛門家とミノ嫗」を書きます。この最上地方で発見したのは最初に生まれた女の子に家督を相続させる「姉家督」でした。関沢幸右衛門家は母フジさんから長女ミノさんへの姉家督の相続でした。「間違いなくいえることは、家と娘とが密着して継承されて行く関係上、女の家としての色合いが一段と深まり、必然、母権が用意されて、温存されて、優先されて行く」としました。この相続は「語りの保持」に機能し、優れた語り手を生んだと考えるのです。「女の家」は折口信夫の用語です。

それは、関沢幸右衛門家ばかりでなく、新庄市萩野の安食《あじき》フジさんも、鮭川村《さけがわ》段ノ下の土田アサヨさん・マサエさんもそうでした。彼女たちから優れた昔話を聴くことの確かな手応えの中で、姉家督による語りの相続を確信してゆきます。それは昔話研究の中でも衝撃的な事件でした。野村純一さんを世に押し出したのは最上地方の力であったと言っていいと思います。これはデビュー作ですが、それによってゆるぎない位置を獲得します。

この沓沢家は近江の出自で、やがて秋田の雄勝からこの真室川に定着したという歴史を述べ、小野神信仰との関係を推定しています。重要なのは野村純一さんの戸惑いではないかと思います。この文章の中には家督を継ぐことと文字に無縁であったことをどう考えるかに決着がついていません。そこで、跡を譲った息子さんが「家の歴史」を語り、ミノさんが「むかし語り」をしたと考えました。つまり、この家の伝承は二つに分かれていると想定したのです。

しかし、これには疑問が残ります。例えば、萩野の安食フジさんは優れた昔話の語り手ですが、同時に、才兵衛家の歴史である「安食丹波守」の話を語ります。従って、姉家督の女性がその家の歴史を語るのは当然あり得ることです。その意味で、姉家督による伝承をどう考えればいいかという難しい問題は、実は残念ながら解決されないままになりました。この無文字の語り手については、川田順造さんの『無文字社会の歴史』（岩波書店、一九七六年）などとともに深められるべき課題でした。

四　無文字の語り手の扱い難さ
――野村純一編『関沢幸右衛門昔話集』②

今回の昔話展に合わせて瑞木書房から発行された、野村敬子さんの『令和元年　真室川昔話発信ノート―95歳の新人・高橋キヨ子さんの語り―』があります。この高橋キヨ子さんは、こうした姉家督の女性ではなく、別家の嫁として生きてきました。そのために、これまで昔話を語らずに来たというのです。しかし、敬子さんは自分のお守りをしてくれたキヨ子さんに語り手としての姿を発掘するのです。

この六月に、東京学芸大学で野村さんに「一〇〇歳時代の人生と口承文芸」のご講演をお願いしたとき、ご夫婦の間で対話が始まったと思いました。野村純一さんは姉家督を取り上げて、家の相続と女性の昔話の継承を見事に整理しました。しかし、敬子さんが見つめてきたのは、そういうタイプの女性ではありませんでした。ご夫婦は同じ真室川の昔話を追っていながら、女性のとらえ方は対照的だったと思うのです。このことについては、一〇月三日の『山形新聞』の「研究を重ねた先人の功績」でも書きました。

『関沢幸右衛門昔話集』の「あとがき」で野村純一さんは、その命名について、「昔話集の表題に、直接それらの話を伝承・管理してきた固有の家の名を付与する」のだと説明します、これは野村純一さんの主張で、昔話集の書名に「関沢」集落の「幸右衛門」という家号をつけたのです。これは熟慮の末の思想の表明と言っていいものです。

そして、語りの場として家の炉端に着目します。今では普通のことですが、炉端はなかなか研究の対象になりませんでした。むしろ、柳田国男はまず、「昔話がなくならないうちに大急ぎで集めよう」と呼びかけました。この言葉に促されて、各地の人々が昔話を集めました。それによって昔話のタイプ・インデックスを作ろうとしました。ただし、柳田には、一方で、昔話が発生する動態は日本の中でも明らかにできるという考えもありました。

それに対して、野村純一さんは昔話の語り手に注目しました。昔話の標本を作るのではなく、それを語る人間を見ることが始まったのです。昔話を集めるだけでなく、昔話を語り伝える人間の存在を考えるという新たな学問を拓いたと思います。「あとがき」にも、「一人の優れた語り手たらしめているところの、得体の知れぬ〝語りの力〟である」と評価します。この「語り手」「〝語りの力〟」はそれまでにはない概念でした。後に、野村純一編『昔話の語り手』（法政大学出版局、一九八三年）が生まれたことがよく納得されます。

しかし、一方で、「私にはきわめて扱い難い、手強いものであった」とするのです。それは「まったく文字にかかわりを持たぬまま、九十余の齢を重ねてきた媼が、八十年の遥かな時に聴き憶え、そして確実に伝え来たった昔話を、あたかも反芻するかの如くに語る」からにほかなりません。それに対して、「これは〝語り〟とそれの〝記録〟、つまり、ことばと文字との相剋、せめぎ合いのはざまに私が身を置き、したたかな両者の挑発の中で、ただ呆然と手を拱《こまね》いているかの如き有様でいる」とします。野村さんは自分が作った昔話集が自分で処理しきれないと告白しているのですから、すごいことです。

　昔話集は声の言葉を文字にすることによって生まれますが、そもそもミノさんは無文字の世界に生きているわけですから、そこに矛盾を感じたのです。しかし、声の言葉は文字化しなければ、研究対象にできません。「ミノ媼の昔話は、純客体として、一人でも多くの方々からの研究、批判、評価、認識の対象に充分なり得る。それだけの価値がある」として、野村さんは抱えた問題の共有を図りました。これは、私たちが「口承文芸」と呼ぶときに考えてみなければならない大きな問題であります。

　しかし、こうした優れた語り手の発見について、臼田先生は「野村君が昔話採訪についてゐることも事実だ」と述べ、野村さん自身も「再び願っても容易には叶えられない幸せであったと思う」と書きます。確かにそのとおりで、野村さんより遅れてきた私のような世代から見ると、優れた語り手に出会って、そこから研究が築けたのですから、まことに幸せな時代だったと思います。しかし、それだけでなく、「扱い難い」「手強い」「手を拱いている」と書き残してくださったのはとてもありがたいことです。私たちはこの課題と向き合って、次の研究を進めればいいと思うからです。

　ミノさんは九一歳で、八〇年前に聞き覚えたことを語り、キヨ子さんは九五歳で、やはり八〇年前、敬子さんの実家である近岡家で、子供だった姉妹に昔話を語ったのです。ミノさんは姉家督の跡継ぎ、キヨ子さんは別家の嫁で、社会的な境遇はずいぶん違います。それでも、ミノさんの世界が時を越えて、この真室川の地で蘇っているということを考えざるをません。そこにあるのはやはり「語り手」「〝語りの力〟」だと思います。

五　「節供過ぎての馬鹿むがし」の禁忌

――野村敬子編『真室川昔話集』①

野村敬子さんの研究に移りましょう。『真室川昔話集』（岩崎美術社、一九七七年）の「編者ノート」です。この昔話集には真室川の昔話が七七話載っています。

敬子さんは、その当時の暮らしの中に沈潜していた真室川衆の口承文芸の世界を取り出そうとして、「同じ土の色を読み、同じ雪をこぐ」ということわざを引きます。土壌の温度・湿度を敏感に察知し、新雪の雪面の光と影にその下の小川を知ることを意味し、それは真室川衆の身に寄り添う実践感覚であり、不可欠な生活能力だと言うのです。野村さんは真室川の言葉の奥にある細やかな心意を聞こうとしたのです。

しかし、事はそう簡単ではありませんでした。「語り手と昔話の採集者とが同じ生活圏にあるという関わり合い方は、しばしば実に時間のかかる作業となって現われた」と告白しています。同郷の人がよく知る同郷の人に昔話を聞くというのは、実に骨が折れることだったのです。敬子さんには、遠来の採集者たちに見せるような優しさと寛容さを決して見せることはありませんでした。具体的には、「私に向けて、そのひとりびとりは昔話を語るに際しては、あくまでも語りの日と語りの時の選択を主張し、厳しい一線を画した」というのです。真室川では「節供過ぎての馬鹿むがし」の禁忌が強く生きていて、昔話を語るのは「盆・正月を頂点とする〝農休み〟に限られた」のです。

私も東北地方の昔話をあちこちで聞きましたが、夜訪ねるわけにはゆかないので、午前や午後の時間にうかがいました。その時に、「昼むかしを語ると鼠に小便かけられる」と聞きましたので、昼むかしのタブーは知っていました。しかし、昔話を聞くことを急ぐあまり、そうした心意に対する認識は欠けていたと思います。どこかで昔話は過去の文化であるという前提があったように思います。しかし、真室川衆は同郷の人の採集に対して、それを許さなかったのです。

柳田国男が『民間伝承論』（共立社書店、一九三四年）で、民俗採集の三部分類のモデルを提示たことは有名です。「目に映ずる資料」を集める「旅人学」、「耳に聞える言語資料」を集める「寄寓者の学」、「最も微妙な心意感覚に訴えて始めて理解できるもの」を集める「同郷人の学」がそれです。敬子さんは東京に出ていたとは言え、「同郷人の学」を実践しようとしたのです。そして、生活のリズムに合わせてタブーを厳守しつつ納得して語った昔話、まさに生きている昔話七七話を収録したのですから、この『真室川昔話集』は第一級の資料集だと言うことができます。

それに較べると、野村純一さんの場合、真室川の人ではありません。近岡家に寄寓しながら昔話を聞いたのですから、「寄寓者の学」ということになります。敬子さんはそこから一歩出て、純一さんができなかった「同郷人の学」を実践したのです。先例としては、佐々木喜善が辷石谷《はねいしたに》江《え》の昔話を聞いた『老媼夜譚』が思い浮かびます。柳田国男は亡くなっていましたが、『真室川昔話集』を見たら、「私が作ってみたかった昔話集だ」と言って感動したはずです。

そして、敬子さんはこの昔話集で、沓沢ミノさんとは違うタイプの語り手を浮かび上がらせます。野村純一さんによって切り拓かれた語り手の研究が、再び真室川の地で飛躍します。それは、通称〝五郎《ごろ》婆《ばんば》〟と呼ばれたすばらしい語り婆でした。彼女は一八四三年に生まれ、一九二三年に亡くなりました。この人は真室川の新町の富樫豊、黒坂サダエといった現役の語り手に影響を与えます。そして、五郎婆が〝子かき婆〟〝おぼこなさせ婆〟であったことに注目します。「真室川の昔話の伝承経路にあって、おぼこなさせ婆の存在はとりわけ大切なニュアンスを含んで介在していたか」と述べます。

五郎婆への着目は、やがて新町《あらまち》の富樫イネさんがおぼこなさせ婆であり、産室で語る女性の問題にぐっと踏み込みます。敬子さんは単なる昔話の記録者にとどまらず、それを一つのテーマに高めてゆきます。これは、野村純一さんが姉家督の家の炉端で女性が昔話を語るとした研究では見えなかった世界です。野村純一さんは真室川の研究を深めて、「最初に語る昔話」「最後に語る昔話」を発見し、昔話を語る構造をモデル化して、『昔話伝承の研究』（同朋舎出版、一九八四年）の大著をまとめました。けれども、夫婦は人生の伴侶ですが、同時に人生で最もきびしい他者でもあったことに気づきます。

ですから、野村純一さんがなさらなかった、もう一つの女性の姿を敬子さんは見ています。それは、お産婆さんのような働く女性です。家の女性ではなく、今で言えばキャリアウーマンです。そして、この最上地方を昔話研究の定点観測の場に据え、次には国際結婚によってやって来た外国人花嫁の民話へ展開したことは、もう改めて申し上げるまでもないでしょう。これはどちらが良い悪いという問題ではなく、多様な女性の生き方と昔話との深いつながりが、おふたりの研究によって明らかになったと言っていいでしょう。野村純一さんの研究が世間話研究や比較研究に動いたのに対して、「女性と昔話」のテーマはむしろ敬子さんによって深められたと思います。

本当は、野村純一さんに聞いておけばよかったと思うのは、「奥様の研究についてどう思いますか」ということです（笑い）。たぶん、にやりとなさると思います。もちろん、國學院大學でたくさんの教え子を育て、そればかりでなく、学会でも社会でもたいへんな活躍をなさいました。しかし、おふたりには、臼田甚五郎先生を恩師としながらも、國學院大學の学風にとどまらないところが見られます。ご夫妻の研究を大きくしたのは、もう一人の恩師と言っていい関敬吾先生との関係であることは間違いありません。関先生と出会わなければ、昔話の国際性といった視野は開けなかったはずです。

六　新しい話型を発見した関敬吾
――野村敬子編『真室川昔話集』②

野村敬子さんの『真室川昔話集』に、関敬吾先生は「解説――『真室川昔話集』が教えるもの」を書いています。これは重要な文章です。関先生は一九三三、四年頃に昔話に関心を持ちましたが、東京帝国大学図書館勤務でしたので、文献主義者でした。

「もっぱら図書館を訪問して語り手のない昔話を郡誌類のなかに探していた」と言います。かつて郡誌に昔話が載せられても、語り手は視野になかったのです。今の鮭川村に属する『豊里村誌』（豊里村、一九二八年）に八話があり、これが最初に読んだ最上地方の昔話でした。継いで、鮭延瑞鳳《さけのべずいほう》の「最上郡昔話―山形県最上川村―」（『昔話研究』第二巻第四号、一九三六年）も読みました。

しかし、関先生は昔話という伝統文化の背景を実際に見ることはありませんでした。机の上で作られたのが『日本昔話集成』全六巻（角川書店、一九五〇～五八年）でした。それを作ったとき、「山形地方は昔話の大きな空白地帯だ」という印象を持ったそうです。岩手県には佐々木喜善が出ましたが、山形県には昔話の採集者がいなかったのです。戦後の民話運動や昔話採集が盛んになっていたのは知っていたそうですが、「わたしの昔話の研究意欲は大きく後退していた」と告白します。海外の研究書が入るようになり、日本の昔話研究が幼稚であることに気づき、外国の研究者と文通を始めたそうです。

そんなときに、野村純一編『笛吹き聟』（桜楓社、一九六八年）、野村純一・野村敬子編『五分次郎』（桜楓社、一九七一年）を読んでいます。しかし、「この両人は全く知らない人たちであった」と書いていますので、面識がなかったのです。にもかかわらず、「これらの記録はこれまでの昔話集ともちがってそれぞれに解説が簡明に要領よく述べられ、かつこれによって採集、研究の動向などある程度推定されたた」と評価するのです。その動向とは、それまでの研究にはない、昔話の語りの場と語り手の問題だったはずです。

やがて関先生の気持ちは昔話研究に戻ってくるのです。山形地方の昔話集の大小の冊子が六〇冊を越え、その数は五〇〇〇話を越えたとします。その中には佐藤義則さん、大友義助さんがいて、県南にはこつこつとガリ版で昔話集を作り続けた武田正さんがいました。山形県は昔話採集のトップリーダーに躍り出るのです。かつての「大きな空白地帯」を一挙に埋めました。最大の理由は録音技術が入ってきたことにあると思います。関先生は、「世界地図では点にしかすぎない地域で、これだけの話が集っているところは他の国でも少ないのではなかろうか」と指摘します。

そして、『真室川昔話集』の分析に入ります。収録された七七話のうち五五％の昔話は、かつて作った『日本昔話集成』と合致するとします。しかし、逆に言えば、四五％の昔話は一致しないことになります。つまり、この中には、関先生が知らなかった新しいタイプの昔話が数多く含まれていたのです。例として挙げたのは、「雀の宮」「児引き裁判」で、「詳しく読んでいくと新しい話型をもっと発見することができよう」という関心を深めます。それは語りの場と語り手ではなく、やはり「話型」だったことも明確です。

この課題に応えるように、野村純一さんの力を得て、『日本昔話大成』全一二巻（角川書店、一九七八～八〇年）を作り直します。例に挙げられた「雀の宮」と「児引き裁判」はともに本格昔話の新話型となります。関先生が『日本昔話集成』を『日本昔話大成』に増補しなければならないという認識を深めたのは、『真室川昔話集』に出会ったからではないかと思います。自分の知らないタイプの昔話が四五％もあるのでは、新しいものを作らなければならないと判断したのは的確です。『真室川昔話集』は関先生の研究意欲を再燃させたのです。

そして、話題は昔話の地域的な偏在に向かいます。山形県に多くの昔話がある理由を考えなければならないが、山形県を知らないし、村落生活の実感もありませんでした。関先生は長崎県の出身で、『島原半島民話集』（建設社、一九三五年）を残していますが、採集者ではなかったのです。これまでは日本全国にどんな昔話があるかという関心でしたが、「昔話もまた地域による差異がある」ので、「文化エリアとの関係で昔話の比較研究をすること」が重要であると考えます。「全国的研究」と「地域的研究」と呼びます。

さらに、戦後のテープレコーダーの開発によって、どこの国々でも昔話の採集にはこの方法が採用されるようになったと述べます。それまで語り手の顔を見ないで鉛筆でノートに書いていたのに、録音をテープに残すことができるようになったのです。今回の展示には、一九五八年に敬子さんのお父様がたいへんな金額を出して買ってくださったテープレコーダーがあります。ご夫妻は最新の技術で昔話採集に飛び込むことができたのです。

これでたくさんの昔話が記録されるようになりました。テープレコーダーによって語り手が発見されたというのは、まったくそのとおりでしょう。関先生は、「最近の昔話集をそれ以前のものとくらべるとはなはだ科学的になり、伝承の背景の記録が目立つようになった」と見ます。それによって、昔話の新たな研究が始まるのではないかと予感します。「昔話を生きた形で、語り手と社会生活との関係についての研究」が行われることを、敬子さんに提案するのです。

七　昔話記録から昔話音読へ
——「最上郡昔話」と『真室川町の昔話』

最後に、真室川の昔話の歴史を確認しましょう。

先の「最上郡昔話」は、関先生が編集した『昔話研究』に載りました。真室川の古刹・正源寺の鮭延瑞鳳住職がまとめた真室川の昔話の出発点でした。収録された話を『日本昔話大成』の話型とともに挙げると、「地蔵の返礼」（「笠地蔵」）、「猿の聟入」（「猿聟入」）、「鶯の内裏」（「見るなの座敷」）、「瘤取り」（「瘤取爺」）、「頓智小僧」（「小僧改名」）となります。なかでも「鶯の内裏」は十二カ月の美しい庭を語った話で、御伽草子『浦島太郎』の四方四季の庭が思い浮かび、『日本昔話大成』では「見るなの座敷」の代表話になっています。瑞鳳住職は優れた口演童話家だったそうです。

こうして始まった真室川の昔話の記録は、野村さんご夫妻の昔話集を経て町おこしに展開し、町自身の昔話集を持つに至ります。真室川町の昔話編集委員会編『真室川町の昔話　Ⅰ～Ⅵ』（本の会、一九九一～九三年）の六冊です。及位《のぞき》編・安楽城《あらき》編・真室川編の各二冊、語り手は延べ九〇人の三一三話をまとめています。町民の、町民による、町民のための昔話です。編集委員の一人が野村敬子さんでした。敬子さんはそれぞれに、「この本を読まれる皆さんに」または「あとがきに代えて」を書いて、この事業を確認しています。

及位編1には、「これらの昔話は、ふるさと真室川町独自の表情を有して、古くから伝えられてきたものです。日本各地に似たような昔話が分布していたり、インドや中国・朝鮮に同じような伝承が点在したりもするのですが、真室川町の言葉で組み上げられるものは、どこの土地にもありません」としています。これは昔話の、話型の普遍性と言語の独自性ということです。

そして、「節供過ぎての馬鹿むがし」「むがすは庚申の夜」「昼むがしは鼠に小便かけられる」という強い取り決めがあったことに触れます。後の安楽城編1では、昼むがしの禁忌があるので、役場のスタッフと星の出る頃まで待って聞き取りをし、「本ものの昔話に出会った」という感動を書いています。平成の時代になっても、語ってはいけない時間を意識して昔話を語っていたのです。

さらに及位編1では、「現代社会において、近時こうした昔話の人間関係に根ざす特性に注目した実践がみられるようにもなりました。少年非行・保育や看護・ボケ老人の改善のためなどに、人間関係を基本とするこの口語り文芸は、多くの期待を集めているようです。孤独な時代と取沙汰される近代社会に、昔話が果たす役割は大きいと言わなければなりません。真室川町の昔話は、古態を感じさせる伝承事情の中にあり、それだけ今後の可能性に向けて、優れた文化を保存していると言えましょう」と述べます。

昔話は古くて不要なものではなく、現代社会の課題に向き合う力を持つと宣言しています。これは敬子さんの強靱な認識であり、この考え方を進め、その活動は次第に研究から運動に傾斜してゆきます。それは外国人花嫁さんたちの話に展開します。今日は庄司明淑さんが見えていますが、『明淑さんのむかしむかし』（かのう書房、一九九五年）を編むことも納得されます。さらに言えば、東日本大震災のときにも避難所に語りに行くという行動力につながります。昔話は現代社会において重要な意義を持つという認識の根っこが、真室川にあることを知ります。

及位編2では、「この昔話集は音読のための昔話記録です」と明言します。「文字の向うに、ほんものの「ふるさと」が見えるまで、ひとつひとつの文字を真室川町の発音やアクセントで彩り、音読昔話の世界を生き生きと立上らせてください」と希望します。そして、この巻から録音ではなく、ビデオ録画による昔話の動態保存を始めます。平成の時代の新しい技術によって語り手の身体表現までも記録しようとしたのです。

安楽城編2では、同じ話柄の昔話であっても語り手の個人史が反映する、「きわめて個性的な文芸であった」ことを指摘します。そして、「生活の変化で人々の住いから囲炉裏を失った現代に、町民の新たな語りの拠所としてこのシリーズ刊行が続けられている」という歴史認識を示します。単なる記録として残すのではなく、音読による再生を願う刊行だったのです。

真室川編1では、『真室川の昔話　鮭の大助』（桜楓社、一九八一年）で百話語りを報告した富樫イネさんに触れ、彼女の好む「片ぴらこ」はインドネシアや韓国・フィリピンにもあることを指摘します。そうしたアジアへのまなざしは、国際結婚で見えたアジア女性に及び、「好ましい接点となるに違いありません」とします。最上地方の国際化を支える基盤に昔話が据えられています。

最後の真室川編2では、「各地域に、語りの今日的実践をする方々が見られるようになりました。昔話集刊行が刺激になって、子どもたちへの継承に、心を砕く方々の活動も、盛んになっています」として、このシリーズが地域に定着する様子を述べます。杉浦邦子さんが多くの聞き手を真室川に誘い、伝承がひらかれたことを触れます。杉浦さんはご自身でも、『土田賢《けん》媼の昔語り―口から耳へ耳から口へ―』（岩田書院、二〇〇五年）をまとめました。

この巻には編集委員の新田小太郎さんの「編集を終えて」が載っています。この事業に参加する中で、ニューギニア戦線で亡くなった戦友の母親に声を掛けられたのです。そこから、戦場で瀕死の兵士たちを相手に昔語りをしたという体験が導き出されます。それは渡部《わたべ》豊子さんの『大地に刻みたい五人の証言』（私家版、二〇一〇年）に展開します。昔話集刊行の事業で生まれた課題が次のテーマを生み出していったのです。

さらに真室川では絵本に動きます。野村敬子編『真室川町こども昔話記録　昔あっけど紙芝居絵本』（山形県真室川町教育委員会、一九九五年）です。これは、先の六巻の町民昔話集から子供たちが選んだ昔話八話が子供たちが描いた絵によって紙芝居になり、それを一冊の本にまとめています。これによって、高齢者と小学生が心を結ぶ新たな伝承動態が生み出されました。昔話を絵本にしてゆく流れは、高橋市子さんの語りをまとめた、野村敬子監修『きゅうりひめご』（真室川町の昔話を絵本にする会、二〇一五年）に展開します。一般的には「瓜子姫」と呼ばれますが、最上・真室川ではきゅうりです。この土地ではシベリア胡瓜が栽培され、絵本には市子さんと現代に残る勘次郎胡瓜の写真が出ています。合わせて、伝統野菜スイーツが商品化されています。敬子さんから絵本を贈られて、私は妻と一緒に真室川に来て、実際に市子さんの昔話を聞くことができました。

このたびの展示に合わせて、『令和元年　真室川昔話発信ノート―95歳の新人・高橋キヨ子さんの語り―』が作られました。老いと昔話という関係がみずみずしくまとめれていることに深い感動を覚えます。私たちは情報化と国際化、過疎化と高齢化に直面していますけれども、今回の展示と出版は、この時代になぜ昔話が必要なのかということを教えてくれたと思います。

今日は町長さん、教育長さんはじめ、町の関係者の方々が多くいらっしゃいます。この歩みをとめずに次へ進めていただきたいというのが、高い席からのお願いでございます。真室川がどう動くかということは、真室川だけの問題ではなく、山形県全体に大きな影響を与えます。そして、先頭を歩く真室川の試みは、日本全国の昔話に思いを寄せる方々にも大きな力を与えてくれると思います。

来月一五日、私は韓国・光州《クワンジュ》のアジア文化センターで講演をすることになっています。そこに二つの話を入れようと思っています。一つは今日の真室川の取り組み、もう一つは先に述べました山元町の震災後の活動です。この二つを盛り込んで、韓国の皆様に日本の昔話の状況を伝えようと思います。韓国にも豊かな昔話の世界があり、庄司明淑さんが語っていますが、継承の意欲は希薄です。日本から発信することで相互の啓発が進めば、海を越えた交流になるのではないかと思います。

（二〇一九年一〇月一九日、真室川遊楽館、「令和むかし話ワールド」講演）

引用しなかった参考文献

・石井正己編著『博物館という装置』勉誠出版、二〇一六年
・石井正己編『戦争・女性・昔話』東京学芸大学、二〇一九年
・石井正己「文化コンテンツとしての民俗遺産」、石井正己研究代表『令和元年度広域科学教科教育学研究経費成果報告書　北海道・東北および沖縄・九州を視野に入れた歴史認識の構築と教材開発に関する戦略的研究』東京学芸大学、二〇二〇年
・野村敬子『語りの廻廊―聴き耳の五十年―』瑞木書房、二〇〇八年
・野村敬子『女性と昔話』私家版、二〇一七年
・野村純一・野村敬子編『萩野才兵衛昔話集』私家版、一九七〇年
・野村純一・野村敬子編『雀の仇討』東北出版企画、一九七六年
・野村純一編、清野照夫写真『「定本」関澤幸右衛門昔話集―「イエ」を巡る日本の昔話記録―』瑞木書房、二〇〇七年

『真室川町の昔話集Ⅰ～Ⅵ』

学びのまちの実現を目指して

門脇　昭

一　真室川の未来の設計図―町教育振興計画がスタート―

本格的な人口減少社会の到来やＩＣＴ環境の著しい進展といった社会情勢に加え、価値観の多様性といった問題等、教育を取り巻く環境が大きく変化していく中で、学びに対する町民のニーズや期待は高まり続けています。

こうした状況を踏まえ、真室川町教育委員会では、平成から新しい元号「令和」に変わった今年度より〝学びのまち〟の実現を目指して、町教育振興計画の施策と事業を進めております。

真室川町は素晴らしい自然環境の中、先人達のたゆまぬ努力によって創り上げてきた歴史や地域に根ざした文化、そして、自然と調和して生活する知恵を大きな財産として受け継ぎ、豊かな町民性を育んできました。町の最高の宝物は、そこに住み、働き、学ぶ全ての人々です。将来にわたり希望を持って暮らせる町にするには、全世代型の人材育成や個に応じた豊かな生き方の追求が益々重要になってくると考えています。この教育振興計画は〝町の未来の設計図〟であるとの認識で取り組みを進めています。

二　真室川の昔話を子ども達に伝えたい

町教育振興計画では、基本目標を「みんなで育む学びのまち　真室川」とし、町の教育をより色濃くするため七つの重点施策（虹のプラン）を掲げました。その中でも、一番に位置づけたのが「未来に向けたふるさと学習」の推進です。地域の過去に学び、今を見つめ、未来を考えることで郷土のよさに気づき、町を誇りに思う心を醸成するのが目的です。そのような意味においても、「野村純一・敬子先生のどんぺからんこ　生き続ける昔話展」を開催できた意義は大きいものがありました。

代々口承によって受け継がれてきた貴重な昔話の企画展を契機にして、昔話の魅力や価値、そして、現代性といった側面からも改めて考えることができました。今、真室川の昔話を子どもに達にもっと伝えたいと感じています。例えば〝戦争民話〟は、野村敬子先生の言葉を借りれば、「昔話が刻んだ最も苛烈な側面として記憶される戦場のいのち語り」です。ある面、未来に向けたふるさと学習の意義もそうしたところに重なりを感じています。

三　語るチカラに目を向けて

真室川町の三〇〇を超える昔話の特徴は、「語り手」と「聞き手」が一体となって、物語を育んできたところにあり、「耳から聞いた記憶が生きている」ところにあります。

このことは、現在よく指摘される〝コミュニケーション能力の低下〟への対応策としても大いに注目されるべき要素を内包しています。語り手も聞き手も、相手に敬意を持っていなければ成り立たないのが昔話です。昔話の現代性はこのような点にも見られる気がします。

人生一〇〇年時代、多様性が問われる社会を豊かに生きるには、学び続けることが最も大事なことだと思います。そのような意味においても学びの環境を整え〝学びのまち〟の実現のため、昔話の〝語るチカラ〟に改めて目を向けて考えていきたいものです。

真室川の学びはコロナを超えて

須田英樹

野村先生ご夫妻のご尽力により真室川町の昔話が全国に紹介され、研究対象として多く方々が来町されていることは、大変光栄であるとともに、責任の重さを実感しているところでもあります。二〇一九年に真室川町で開催された「令和むかし話ワールド」では、多くの皆様にご来場いただき、改めて昔話の魅力を実感しています。

そのような中、二〇二〇年に発生した新型コロナウイルス感染症の世界的な脅威は、私たちの生活を一変させました。ワクチンが開発されていない未知のウイルスに対して、社会は試行錯誤を繰り返しながら戦い続けています。人と人との接触や不要不急の外出は制限され、フィジカルディスタンスの確保、マスク越しの会話など、それまでには考えられなかった非常事態の渦中にいます。昔語りも当然、大きな影響を受けています。昔語りは主に対面でのライブ形式がとられますが、密集、密接、密閉の三密を避けるため、残念ながら活動休止を余儀なくされている状態にあります。

私たちは、二〇一九年にスタートした、第一期真室川町教育振興計画の重点施策として、大人の社会科見学「真室川スタディーツアー」に取り組んでいます。「学校で地域の事を積極的に学んでいる子どもたちに負けず、大人も地域の良さを学ぼう」という企画で、二〇一九年は第一回「歴史編」、第二回「山のくらしと林業編」と銘打って、郷土や林業の歴史を学びました。毎回四〇名以上の参加者を得て、町民のみならず、町外、県外の参加者も真室川町の魅力に触れていただいています。そして二〇二〇年は第三回「伝承芸能編」として、昔語りを含む町に伝わる伝承芸能を学ぶ予定でしたが、残念ながら中止とさせていただきました。しかし、こうした状況であっても今ある学びの資源を活用しながら、学びの機会を確保したいと考え、ホームページ上で町の伝承芸能を紹介する「真室川スタディーツアーオンライン」を開催することになった次第です。

昔語りのページは、限られた時間の中で、新たに収録しました。収録にあたり、語り部は、野村・杉浦先生の著書『老いの輝き 平成語り』の表紙を飾っている高橋市子さんにお願いしています。今回、八話の語りが収録されていますが、当初の予定では五話でした。ところが収録後、内容を確認してもらうためにご自宅を訪ねたところ、「前回の収録後に、あの話もしたい、この話もしたいと思った。」とおっしゃられ、その場で三話を追加収録しました。いきいきとした表情で語られる市子さんのご様子から、こちらも楽しく収録させていただきました。平成初期に町が発行した書籍『真室川町の昔話』のあとがきで、挿し絵を担当された画家の佐藤正弥氏が、「本来、聞き手一人ひとりが、違った情景を思い浮かべるであろう昔語りのイメージを固定化してしまうことのプレッシャーと向き合う苦労があった。」とおっしゃっていたので、語り部本人が思い浮かべる情景に興味がありました。収録後に「語っている時、市子さんの頭の中には、どんな風景が浮かんでいますか。」と聞いてみたところ、「私が祖母から昔語りを聞いていた当時の情景を思い浮かべている。」とのことでした。もしかしたら語り部本人も、毎回違う情景を思い浮かべながら語っているのかもしれません。

収録を通して感じたのは、昔語りは「イキモノ」なんだということです。市子さんは収録中、カメラの横にいる私に視線を移しながら、語りを進めていきます。時折、解説するかのような説明を織り交ぜながら。おそらく、昔語りに慣れていない私がどの程度理解しているのか確認し、時には解説を加えながら語ってくれたのだと思います。聞き手によって、語り部の話し方や方言の具合などは変化し、別の方が収録した語りは、別の物になっていくのでしょう。このように、昔語りは語り手が一方的に語りかけているのではなく、聞き手の相槌や頷きなどに応じて、双方向のコミュニケーションの上に成り立っていると感じます。聞き手の反応が良ければ、また語り、反応が悪ければ、淘汰される。今ほどメディアが豊富ではない時代、昔語りは、子どもを寝かしつけるための道具や、夜なべ仕事のお供として、日常的に語られました。その中で、洗練され、より多くの方々を楽しませた選りすぐりの語りが、今日まで語り継がれてきたということを改めて実感しました。

昔語りの本質は、やはり語り部と聞き手の意思疎通の上に成り立つ、双方向リアルタイム・コミュニケーション＝ライブだと思います。しかし、コロナ禍にあっては難しい状況です。スタディーツアー・オンラインは学びの機会を損なわないための苦肉の策ですが、対面してのやりとりが難しい状況でも、昔語りなど伝承芸能の魅力を発信していく力は十分にあると考えます。文字では表現しがたい訛りのニュアンスや、語り部の表情、身振りなど、映像ならではの表現により、みなさんのより深い学びにつながっていくことを期待しています。アフターコロナの世界では、この学び方がスタンダードになっていくのかもしれません。

生き続ける昔話展を終えて

梁瀬平吉

真室川町立歴史民俗資料館の事務室に『真室川町の昔話』一～六が並んでいた。編者は野村敬子先生であった。名前は知っていたが、真室川でこれ程の仕事をなさった方だとは知らなかった。しかし、気になる存在だった。

それが五年ほど前から、昔話の件でなく、安楽城童歌の発掘者である佐藤陸三の民具や太平洋戦争従軍記録の件で、足を運ばれるようになった。そんな折、真室川町教育委員会が、寒々とした中央公民館入口ホールに書架や木調椅子を備え付け、コミュニティルームに変身させた。その中に先生が関わる図書を一〇冊ほど並べた。これは何も読んでいない私への二回目の重圧であった。そこで、『老いの輝き―平成語り―』を読んだ。多くの登場人物や民話も入り、論理的な部分は少なく、読みやすい本だと感じた。しかし、まだ昔話とは何かが理解できなかった。

平成三〇年、正式に民話に関わる企画展資料（図録を含めて）を依頼した。先生は快く了解され、生き続ける昔話展「野村と私のどんぺからんこ」にしましょうということになった。また、その期間内に石井正己先生の講演会と「令和むかし話ワールド」を計画してくれという提案があった。臨機応変に次々と提案されるのは正しく野村流民話塾というか、日本のいや世界の民話を牽引する先駆者的存在に見え、先生ご夫妻がこの民話の世界でまだ共に繋がって仕事をなさっているようにみえた。図録は「真室川の民話の解説」一～三と真室川の民話一〇編を組み込んだ。これは真室川民話を知りたい方々のバイブルになったと思われる。

遊楽館での「令和むかし話ワールド」には思いの外一八〇名の参加者があった。この背景には真室川民話に長年携わった方々の尽力や、今日までの積み重ねであると強く感じた。と同時に民話に関心のある町民がまだ多数いることにほっとし、民話の紐解きができる企画展になったのではないだろうかと感じている。

私は今回民話を追いかけて、高校の古文に登場する説話文学、『宇治拾遺物語』の袴垂、『大和物語』の姨捨山などに辿りついた。話の入りは「昔、男ありけり」などであった。昔語りにすると、「昔、男いだっけど」になる。そこを発端として、昔話の定番である「桃太郎」や「一寸法師」などがしっかりと物語化されて、昔語りや絵本として定着していった。ほんの一端であるが、民話について見えてきた。そして、柳田国男の造語、口承文芸学は、どういうことで語られたのか、語り方にどんな特色があるのか、その背景の問題等を研究する学問であると認識できた。

私は嘗てこんな真面目に総合的に昔語りを聞くことはなかった。語り部はそれぞれの特徴や個性を持っていいはずである。そしてまた、私たち聞き手が聴き取る努力が必要であることも当然の事実である。しかし、今回のイベントで語り手の大切さに気づいた。紙芝居は別として「新町村のキツネ」、「胡瓜姫子」の語りは声も通り、聴く対象をしっかりと意識して語っていた。語り手は一方的に語るのではなく、対象が聴いているか聴いていないかを見定めて語らなければ伝わらない。これは語り部の画一化を狙っていないが、声がよく出ない方にはもっと少人数で、自分の目で見渡せる会場で語らせたかった。

先生の造語、「令和語り」のフィールドは今後職場であったり、都市であったり、多種多様なところから令和というあたらしい語りを持って出現するかも知れない。語り手は語りのプロとして再生し、語りの環境なども要求し、依頼側も充分考慮できるようにして、令和の語りを成立させたいものである。

チケットづくりのわけ

泉　節子

九十歳の母（近岡禮子）はあんがい無口で、妹達が喋っているのを聞いて楽しそうです。四人妹弟の長女という事で、いつも母親の様な気持で居るのかもしれません。

その母の心配が、あの時から始まりました。それは、「令和むかし話ワールド」に、石井先生が来て下さると知った時からです。

一杯の人が見に来ていただきたい！との母の願いを叶えてあげたいと思い、パンフレットと一緒に送れる〝チケット〟を作ろうと考えました。

・パンフレットから大切な事を拾う。石井先生と叔母・野村敬子の内容を簡潔に。
・主催名、場所、日時、入場無料も入れる。
・しっかり厚め、捨てられないように。

「どんぺからんこ」のパンフレットは、秋色が穏やかで、ほんわかあったかい気持になれて、チケットはそこを大切にして主張し過ぎ無くする事が一番でした。

資料館館長から了解と温かいエールの言葉をいただき、直ぐに動員開始です。

知人、友人は勿論の事、〝読み聞かせの会〟〝新庄民話の会〟にチケットを送ったり、友人が新庄の図書館にも持って行ってくれたりと、二三〇枚のチケットは完送しましたが、ずっと、どのくらい動員出来る

記念イベント
10/19（土）令和むかし話ワールド
場所

入館料無料
時間 /10：00 ～ 11：30
講師 / 石井　正己氏　東京学芸大学教授
演題 / 真室川の民話
時間 /12：30 ～ 14：30
案内役 / 野村敬子氏　元國學院大學栃木短大講師
～語る楽しさ　聴く悦び～　語り手　多数
主催：真室川町立歴史民俗資料館

か？不安でおりました。

当日は、本根、恐かったです。小雨の降っている中、母の着付を終わらせて、〝遊楽館〟に行きました。大盛のお客様の中に隣人を連れて来てくれた友人達の顔、仙台の同級生も来てくれたりと、本当に嬉しかったし、まずはホッと一息。

私は、石井先生と叔母に花束を作ってもらいました。ちっちゃな花束も作りました。

花は場を賑やかに、そして華やかに成ります。新庄市東海林和子さん真室川町小松久美子，佐藤喜典さん・節子さんご夫妻さんなどたくさんの方々から、先生と叔母にお花が届きました。

御二人の笑顔が見られて良かったと思ってた時、あっそうだ、語り手のおじいちゃん、おばあちゃんにもお花をあげたい！と思い、ちっちゃな花束を、ちょうど七つ作ってたのです。

あの笑顔、嬉しかったし、もう忘れられません（笑）。

「桂由美」先生から教わったことは、いかにその方が喜んでくださる事を取り込んで進行出来るか、それがウエディングプランナーの役目だということです。ほんのちょっとでも役立てて良かったです。

でも全て、母の思いがあり、周りの方々から一杯協力して貰い出来ました。印刷もお花も全て仲間の力です。

野村の叔母も皆様にお世話に成っております。いつも叔母に関わっている

正誤表
六四頁九行目
誤　小松久美子、佐藤喜典さん・節子さんご夫妻さん
正　小松久美子さん、佐藤喜典さん・節子さんご夫妻

母・三姉妹

方々にお礼申し上げます。本当に本当に有難うございます。

（本当の最後に）見に来て下さった方から伝えてくれとのこと。叔母の語り手紹介は、天下一品、感動したそうです。その紹介は一、始めに語る昔話があること。これは真室川で発見した大切な学問の基本であるそうな。市子さんの河童むがすスゴイ。二、「むがす語り」という真室川の方言が学問の真髄を示すということ。など、など、いろいろでした。

八〇歳の叔母は少し老けたけど、すごく格好良かったです。私の自慢です。

いつも石井先生の側にいらっしゃる奥様、笑顔がとても素敵でした。

語り手の皆さんへ花束のプレゼント

「令和むかし話ワールド」に参加して

吉村厚子

野村敬子先生から、十月十九日（土）真室川町で「令和むかし話ワールド」を催すので、「あのねのね」の『与蔵沼』の紙しばいをやってくれないかと声をかけていただいたのは、五月のことでした。

紙芝居

私達は村の総合芸術祭や、小・中学校で語ったことはあっても、他の所での経験がなかったので、とても不安でしたが、自分達の勉強になることと思い、快くお受けしました。

野村先生とお近づきになれたのは、野村純一先生・敬子先生の『五分次郎』という一冊の本が縁でした。今日《こんにち》、方言を話す子供達は殆どいません。何とか方言で物語を語れないものかと思っていたところ、この本と出会いました。ならば紙しばいを作ろうと、先生の承諾を得るために出版社に手紙を出したところ、親切に先生の許に届けて下さいました。

程なく先生は帰県なさり、幸いにもお会いすることができたのです。失礼ながらお歳の割には元気溌剌として、淀みなく会話が弾み、不思議にも瞬時に親しみを感じました。勿論、私達の願いは叶えられました。

さて、「令和むかし話ワールド」に参加した感想を求められましたので、出演させてもらった仲間の皆さんの感想も書きたいと思います。

「ここはどこ？　本当に真室川なの？」、熱気にあふれ、大勢の人々に我が目を疑った。これから始まる昔語りにわくわく、ドキドキ、胸の高鳴りを感じた瞬間だった。■おじいさん、おばあさんが語る真室川の昔話、正源寺の若い娘さんが演じてくれた紙しばい等は大変楽しく、自分もいつか演じてみたい、語ってみたいという目標が見つかりました。（佐藤明美）■「令和むかし話ワールド」に参加して、語り部の皆様に圧倒され、笑顔になったり、思わず声を出して笑ったり、悲しくなったりと話の中に引き込まれ、豊かな一時過ごさせてもらいました。（八鍬りゅう子）■真室川の昔話は、生活と一体化し伝えられてきたこと強く感じさせられました。「節」の入った語りのおばあさん、とってもステキでした。（吉田美恵子）■与蔵沼は鮭川村の中でも特に空気が美味しく、緑がきれいな癒しの場所です。昔語りという良き伝統を次世代に引き継いでいけたら、何てすばらしいことだろうと強く思いました。（鈴木裕子）■「令和むかし話ワールド」に参加させていただき、子供だけでなく、幅広い世代の方に紙しばいを披露することができ、良い経験となりました。方言が徐々に失われつつある中で、現地の昔語りを聴くことができたのは、とても貴重な体験でした。方言から感じる言葉の温かさも、昔話と一緒に残していければと思います。（五十嵐ゆりか）

私達は一様に、昔話を廃《すた》れさせず、引き継いで語らなければと、強く感じさせられた「令和むかし話ワールド」でした。

「あのねのね」のみなさん

真室川の昔話をアラビア語で

片桐早織

「野村純一・敬子先生のどんぺからんこ—生き続ける昔話展」の関連イベントにおいて、私は昔話『猿とびっきの餅争い』の自作紙芝居をアラビア語で演じる機会をいただいた。普段私は日本の昔話をアラビア語で再話し、絵本や紙芝居にして伝えているのだが、この稿ではその理由と活動について、また今回の昔話展で得たものについて述べたい。

「なぜ日本の昔話をわざわざアラビア語で？」と疑問に思われる方も多いかも知れない。私は従来、中東と日本の物語や文化を双方に向けて紹介して来たのだが、紙芝居のきっかけは当時司書として勤めていたアラブ系の学校からの提案だった。そこで市販の日本の昔話紙芝居をアラビア語に翻訳して演じ始めた。昔話を選んだ理由は、昔話はその国の文化を知るうえで最適と思うからだ。昔話は筋として面白く分かりやすいうえに、その中には文化、歴史、考え方、慣習などが凝縮して詰まっている。

ところがここで問題が生じてしまった。市販の紙芝居は日本人のみを対象として作られており、当然ながらムスリム（イスラーム教徒）であるアラブ人への配慮はなされていないからだ。一例を挙げればムスリムにとって偶像崇拝は忌むべきものであり、クルアーン（コーラン）にもそのことが重ねて記されている。例えばその中にアル＝ヒジュルの町に関する話があるのだが、偶像を拝んでいたこの町の住民は神の怒りにふれ、結果として町は滅びてしまう。実はこの話は現在のサウジアラビアの世界遺産「アル＝ヒジュルの考古遺跡」にまつわる話だ。ここは見事な遺跡と奇岩に富んだすばらしい景観をもつ観光地なのだが、サウジアラビア人の多くは、今もここを呪われた場所と見做し避ける傾向にあるという。このことからも、ムスリムがいかに偶像崇拝をタブーとしているかが窺える。従って『笠地蔵』などの偶像崇拝を肯定するような話は、国や人によって程度の差こそあれ、彼らにとっては許容しがたい話なのだ。

このようなことは、在日アラブ人児童に日本語を教えていた際にも痛感した。教材の日本語絵本の内容は、そのアラブ人児童にとって受け入れ難いものだったのだ。このようにムスリムの人たちに日本の昔話を楽しんでもらうには、その価値観をきちんと考慮する必要がある。

そのため結果として、日本の昔話紙芝居を手作りで自作するようになり、その絵本が出版されるようになった。制作の際には、題材選び、作画、再話、翻訳の言葉選び等に関してアラブ・イスラームの価値観を尊重し、ネィティブの意見を参考にしながらも元の話を変質させないように注意している。例えば、裸体は描かない、拝む対象は偶像ではなく建物などでその存在を示す、多神世界の神である日本の「神」の訳に唯一神であるアラビア語の「神」（アッラー）は当てない、などだ。このような工夫をすることで、アラブのムスリムの人たちに拒否感を感じることなく日本の昔話を楽しみ、かつ誤解することなく日本の文化や考え方を知ってほしいと思っている。

加えて、話の舞台となった地域の風土を大切に表現したいと思っている。なぜなら昔話は、それが語られて来た風土と密接な関係にあるからだ。私は山形で生まれ育ったので、山形の昔話を元につくる場合は自身の実体験を基にしている。また真室川の昔話を元にする場合には、真室川で現地の語り手による語りを聴いたり、話の舞台となった場所に行ったりすることが大きな鍵となる。話を本によってのみ知るのと、現地の空気を少しでも肌で感じたことがあるのとでは、大きな違いが生じて来ると思う。私にとって現地の地勢、家、人……何もかもがとても参考になる。例年の昔語りに加え、今回の真室川の昔話展は実に大きな収穫があった。特に野村純一・野村敬子先生の当時の調査ノート、聞き取りテープなどは、大変に貴重で素晴らしいものだった。

ところで、制作したアラビア語の紙芝居や絵本は、日本人を対象に使用されることがある。その際はアラビア語に日本語訳をつけることになるのだが、その場合、私は敢えて共通語と方言の二つの訳をつけ、上演や読み聞かせの際はアラビア語と山形弁でさせていただいている。観客の方々には、アラビア語と山形弁の両方の響きを楽しんでいただけているようで、字面ではわかりづらい方言も、耳で聴くと不思議とわかるとのことだ。語調などで、何となく雰囲気が伝わるのかも知れない。

真室川の昔話を題材にする際には、あの何とも言えず柔らかい真室川の方言の雰囲気を作品に投影したいものである。そして昔話を、その土地の空気をも感じられるような形で発信できるようになりたいと思う。そのため今回の昔話展で得たことを生かすと共に、今後も真室川からより多くを学んでいきたい。そして日本人やアラブ人を問わず、心から楽しめる形で昔話を伝えていきたい。

ももたろう

مدير المعهد العربي الإسلامي في طوكيو

小判の虫ぼし

赤ん坊になったお婆さん

第二部『令和むかし話ワールド』に参加して

歴史民俗資料館から

奥灘久美子

令和元年十月十八日、真室川町立歴史民俗資料館に入ると、鷹匠・沓沢朝治翁の後ろ姿が目に留った。朝治翁の等身大の人形である。

顔も佇まいもそっくりな人形を眺めているうちに、半世紀前の真室川町でのことが去来し胸が熱くなった。私にとって真室川といえば正源寺《しょうげんじ》である。

鮭延旭処《きょくしょ》和尚と冨美夫妻のご厚意に甘え、正源寺から鮭川村段ノ下や安楽城に通い、時には関沢の鷹匠、西郡《にしごおり》、及位《のぞき》を訪ねた。

チラシの真室川に引かれ、平成二十七年十一月十四日、茨城県古河歴史博物館「歴史と文化で結ばれたまち　さくら・真室川・大野」展へ出かけた。

壁に真室川町の写真、満開の桜や鮭延城址、正源寺山門など数点が飾られ、「銅造如来椅像・真室川町薬師神社所蔵」「土偶・複製・原品・正源寺所蔵」「山の神神像・四体・真室川町歴史民俗資料館」が展示されていた。併せて古河市の正源山鮭延寺《しょうげんざんけいえんじ》の写真もある。真室川の正源寺鮭延《さけのべ》姓と古河の正源山鮭延寺、反転したような呼称の経緯を博物館職員に尋ねたが、分からないとのことだった。

因みに、正源山鮭延寺は日光街道を埼玉県栗橋から利根川を渡り、大堤《おおつつみ》交差点少し手前の左側にある。

正源寺の「土偶」は、東京国立博物館特別展「縄文・一万年の美の鼓動」（二〇一八年七月三日～九月二日）

に出品されていた。「第五章　祈りの美・祈りの形」に単独でケースに展示され、「結髪土偶」重要文化財・真室川町大字釜淵字五郎前出土・土製・高さ三二・四㎝・縄文時代晩期・山形・正源寺所蔵とある。

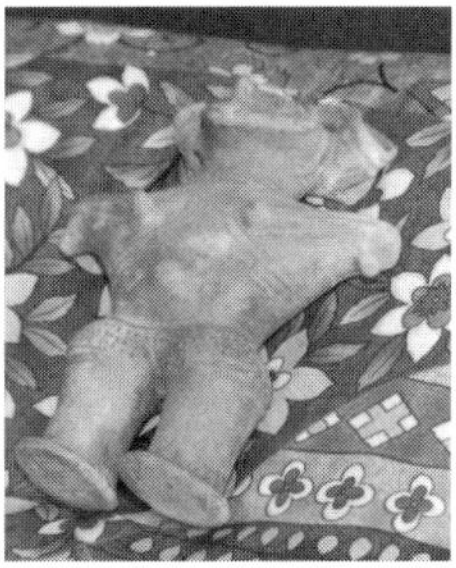
結髪土偶（重要文化財）

後頭部と背に何か書いたような跡がある。大正四年水田耕作中に偶然発見されたそうで、結髪土偶は稀少だとか。

遠田且子宅の庭で思い出した。線路沿いを歩いていて畑のお婆さんに声を掛けられた。

「へなこ、どこの……」変な子かと思い、正源寺で寧子《ねいこ》さんに話すと、娘のことで、あまり良い言葉ではないと言われたこと、平成二十六年正源寺の庭の山椒の実を一緒に摘んだことなど、令和元年七月三十日寧子さんが逝去されて、正源寺とのご縁もこれ迄かなと寂しかったが、「土偶」を拝見した本堂で妹で長子さんにお会いした。たまたま帰省されていたそうで、予期せぬ再会に正源寺と繋がったようで嬉しかった。

正源寺山門

正源寺所蔵重要文化財「結髪土偶」お宝拝見

企画展「野村純一・敬子先生のどんぺからんこ　生き続ける昔話展」で、野村純一先生の採訪ノートを興味深く拝見した。先生の数多の著作がこの採

土田アサヨ・マサエ両媼（清野照夫撮影）

訪ノートから発していると思うとなおさらである。

採訪ノートの中に、私もお供した一冊を見つけた。及位の佐藤文吉氏を訪ねた時のものだ。あの時、先生はノートを取っていなかった。静かに淡々と文吉さんと話していたが、ノートは取っていない。いつ採訪ノートに記したのだろう。憶えておいて後で記したのだろうか。

平成になってから、上野の松坂屋だったかどうか、東北物産展に文吉こけしがあったので、佐藤文吉さんの消息を尋ねると、何年か前に雪がイヤで天童に引っ越した、もう及位には居ない、とのことだった。

企画展会場で、『五分次郎』の土田マサエ媼のむかしが聞こえてきたのには驚いた。五号テープに録音された声が先端技術により甦ったのだとか。

鮭川村段ノ下の土田アサヨ、土田マサエ両媼の元に通い始めたのも野村純一先生に連れられてだった。お二人のむがしは今も私の耳に残っているが、姉家督・九兵衛に語り継がれた昔話が甦るのは嬉しい限りだ。

令和のいま、お二人の貴重なむがしが聴けると思うと感慨深いものがある。

真室川と関わって

清野知子

真室川はキラキラとしてゆったりと流れていた。真室川の遠い日の思い出は、正源寺の御住職鮭延旭處さんに連れられて、沓澤ミノ媼宅に伺った時。媼は病に伏しておられたが起き上がり、「もう、昔話はできない」とおっしゃった。野村純一先生の御研究にある家刀自の、堂々とした風格と上品なたたずまい。一九七三（昭和四八）年五月、夫（清野照夫）と一歳の長男と一緒だった。今も語りを聞かせていただけなかったことを残念に思っている。

沓澤ミノ媼（清野照夫撮影）

時は流れ、二〇一〇（平成二二）年、野村敬子先生とご一緒して初めて伝承の語り手さんたちの昔話を聞くことが出来た。真室川ふるさと伝承館のいろりを前にして、高橋市子さんの堂々とした語り、高橋シゲ子さんはいつもご主人重也さんと一緒。笑顔で語ってくださった。紫蘇ジュースの差し入れや、自家製の漬物なども頂きながら。明淑さんの自慢のキムチも。

時と場所は変わっていたが、私は昔話にどっぷり

藤山キミ子さん

とつかっていた。聞く方も夢中で相槌を打った。一体感があった。私はやっと、昔話の場に辿り着いた。

その後も、雪のちらちら降る日も、真室川ふるさと伝承館で話を聞き、梅里苑でお風呂を浴び、そして夜語りを聞いた。一面の銀世界が広がっていた。「巡礼おつる」は藤山キミ子さんの十八番、歌物語、花和讃が入ったり自由自在、身振り手振りも楽しかった。そして必ず、話者も聞き手も涙するのだ。

ゆったりと温かい語り口の庄司房江さん。沓澤ケイ子さんの狐に化かされた話も面白く、ご自身も首をかしげて、今でも信じられないというふうで語る。なんとも楽しいお方である。また佐藤壽也さんの端正なお姿と語りはご自身の生き方も物語っている。伊藤寅吉さんは、平家の子孫とか。お願いしても、話を聞くことが出来なかった。

そして二〇一九（令和元）年の「どんぺからんこ」は、野村純一先生、敬子先生の功績を辿る、講演会と展示会、そして遊楽館での語りと盛りだくさんであった。大会最終日は、石井正己先生の御講演。語り手さんたちが勢ぞろい大盛況でお開きとなった。

真室川町立歴史民俗資料館で拝見した野村純一先生の克明な採訪記録ノートに、私は圧倒された。ごく一部ではあったが、先生の膨大なご著書のもとにもなったであろう資料は、宝物である。

お元気な高橋市子さんの語り口に安どした。応援に駆けつけた語り手の方々のそれぞれ温かい語り。そしてずっと真室川の昔話を聞き続けて、沢山のご著書のある野村敬子先生の、出身地に対する熱い思いと、お姉さま方、御親戚一同の応援は、胸を打った。また、真室川町挙げての協力に、皆さまの熱意を感じ取ることが出来た。そして、西郡の高橋洋子さんが、辛みそを皆さんにと、車で届けてくださった。ひとびとの大きな輪を感じた。

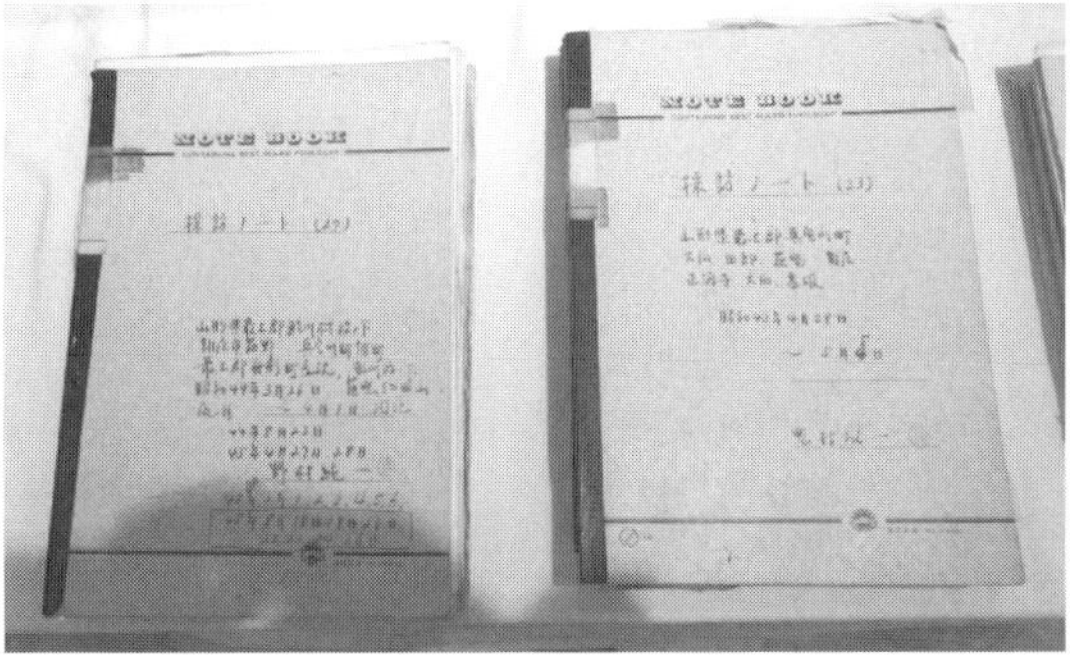

採訪ノート

オープンリール

オープンリールデッキ

この時訪れた正源寺さんの本堂には可愛らしい土偶が飾ってあった。かつて清野が、旭處和尚さんの命を受け、撮影した大切な土偶であったのだ。しかし、穏やかなたたずまいの、寧子さんのお姿はそこにはなかった。

野村純一先生のご指導で、若かった夫は懸命に写真を撮った。白黒写真だが、臨場感溢れる写真であると思う。この時をしっかりと記録しておきたいという気迫に満ちている。真室川の輝きと堂々たる流れに、野村先生と清野は何を思ったのだろうか。混沌とした未来に進んでゆく、大きな力を得たのではなかったか。

真室川の語りの交流を通して、私は夫が聞いた語りの場と年月を経て繋がりを持つことが出来た。ご縁を頂いた野村純一先生、敬子先生、そしてご尽力、協力を惜しまない真室川町の皆様方、多くの語り手の皆様に心から感謝申し上げます。

「語り上手は、料理上手」

杉浦邦子

「杉浦さぁーん、紅葉が綺麗だよ。見においで」と、藤原ツジ子さんから電話をいただいた。藤原さんは、東京都西多摩郡檜原村在住の語り手である。高速道路を走って二時間余り、お宅のある倉掛という集落に着く。周囲の針葉樹林は橙色に染まって美しかった。

笑顔の藤原さんは、文字通りの手打ち蕎麦や自家栽培の野菜料理を用意して待っていてくださった。お蕎麦は、ご自身で種を蒔き、収穫した蕎麦を石臼で挽いて粉にするという全工程手作業とお聞きした。昔話を語るときの張りのある声と笑顔と、ご馳走になった食べ物のことは忘れられない。

＊

小山直治さんは、過疎化が進んで冬を越すのが困難になった故郷・新潟県東頸城郡松代町（現十日町）から東京近郊のご子息の家に引っ越されたと伺った。昔話を聞かていただきたくてお宅に伺うと、「まずは、故郷の食べ物を味わってから昔話を聞いてほしい」とおっしゃった。ウメ夫人手作りのお料理は美味しくて、優しい味であった。その後で聞かせていただいた小山翁の昔語りも、優しく、味のあるものだった。

＊

一九九一年の晩秋、清野照夫さん（民俗写真家・故人）と私は、真室川町中央公民館で開催された「昔話と手作り紙芝居まつり」を見学した後、知人と一緒に真室川沿いに北上し、奥羽本線及位駅に着いた。そこで知人を見送った後、「どこかで昼食をとってから昔話の語り手を探しましょう」と話していると、初老の女性が声をかけてこられた。「昔話が聞きたいのか」と。そして、私のことは、「公民館で見かけた。この近くに昔話を知っている人がいるから紹介してあげよう」とおっしゃる。願ってもないこと、早速案内していただいた。

そのお宅では、ちょうど昼食の最中だった。案内の女性は、それには構わず、私達に昔話を聞かせてやってほしいと頼んだ上、「この人達はお昼を食べていないから、何か食べさせてやってくれ」と話しておられる。慌てた私達は、「いいえ、食事はすませました」と言うと、「どこかで食堂を探そうと言ってるのを聞いたよ。とにかく食べていないから、何か頼む」と言い置いて帰ってしまわれた。家の方は、困ったという顔も見せず、「まあ、上がれ、上がれ」とばかり、私達を請じ入れると、瞬く間にお食事を並べてくださった。恐縮するばかりだけれど、気が付くと上がりこみ、手料理やお漬け物に舌鼓を打っていた。

そのお宅には、佐藤マツエさんというお年寄りがおられ、優しく品の良い口調で、次々と数話の昔話を語ってくださった。中に、珍しい話柄もあって興奮を覚えた。この時の出会いは、忘れられない思い出として、〝マツエ婆《ばん》ちゃん〟のお声とお顔は、今も鮮明に記憶している。いきなり飛び込んで来たどこの者とも知れぬ輩を親切に遇してくださったご家族には、感謝してもしきれない。帰途、見ず知らずの自分達をこんなにも歓待してくださったご親切に、清野さんはずっと感動しておられた。

それまでに、何度か真室川町のお年寄りを訪ねて昔話を聞かせていただいていた私は、どのお宅に伺っても、お漬物や郷土料理を勧めてくださるという、誠に有り難くも得がたい経験を重ねていた。素晴らしい昔語りを聞かせていただき、美味しい食べ物をいただくうちに、昔話と食べ物とはどこか深い所で繋がっているのではないかと思うようになっていた。ある語り手に伝えられた昔話と、その家の食材で作られた味は、別々のものではあるが、呼応しあうのではないか、と。

実際、昔話を記憶して語り継ぐことのできる人は、土地の食材に通じておられ、手早く上手に調理される様子を目の当たりにしたこともあった。

語りは心を養い、食べ物は身を養う。食材の知識や扱い方も祖母から母へ、母から子へと伝えられた伝統の技である。「語り上手は、料理上手」と言えるのではないだろうか。

＊

ここまで書いてきて、私が最も敬愛する語り手、土田賢《けん》さんの手料理をいただいた記憶がないことに気づいた。お宅にお邪魔して、夢中になって聞いていると、良い頃合いで、その場に似つかわしく、美味しいものをご馳走になった。それは、賢さんお手製ではなかった。リュウマチという持病がおありで、不自由なこともあったと思うが、家業に奮闘される姿は想像できても、台所に立つ賢さんを想像することは難しい。伺ったときはいつも、智子さんが用意してくださった食事をいただいた。「語り上手」の賢さんの傍らで、「料理上手」の一面は、ご長男のお嫁さんである智子さんが受け持っていらしたのだろうか。ただ一つ、どぶろく造りを除いて。どぶろくは、作り手によって味の善し悪しが、自ずから分かるものだと聞いたが、賢さんお手製の味は、絶品であった。

私がお話を聞かせていただくために、お宅にお邪魔したいとお願いすると、いつも快く承知してくださった。その上、語り手仲間のお友達を招かれることもしばしばであった。お仲間の方達は寛いで、楽しそうだった。お仲間を誘う賢さんの心遣いは有り難いものであったが、大勢をもてなす智子さんはご苦労だったことであろう。酪農家の主婦は、そうでなくとも忙しいのに。

土田家に何度かお邪魔して三年ほどたった時、埼玉県寄居のかんぽの宿で「真室川伝承の会」（一九九五年発足）と「ふきのとう」（筆者主宰の語りの実践と研究グループ）の一泊交流会を行った。その時、智子さんは、賢さんの付き添いで参加してくださった。当初、夫の伊三郎さんが同行されることで賢さんも参加が可能とのことであったが、伊三郎さんに用事ができてしまった。心配していたが、智子さんがご一緒してくださった。一番若い参加者だった。首都圏在住のお孫さんも面会に来られた。傍に身内のいる安心感からか、賢さんは自信に満ちて、大活躍であった。

賢さんは、ご病気の治療にも昔語りや私達との交流の場にも、智子さんの車で移動しておられたようだ。私達が、関沢荘に宿を取っていると、語り手の方々が遊びに来てくださることがあった。語ったり、唄ったり、踊ったりの愉快な時間を共に過ごさせていただいた。そんなとき、送迎だけでなく、賢さんが帰ると言われるまで、その場で待っておられたのには驚いたものである。ただ、この時、私は、お嫁さんではなく、実の娘さんだと思っていた。面差しが似ていたのだ。今でも、お二人は実の母娘以上によく似ておられると思う。

賢さんは、強い姑ではあったと思うけれど、智子さんを頼りにしておられたのではないだろうか。特に、ご病気になられてからは。

振り返ってみると、私は何人ものお年寄りを訪ねて、お宅に邪魔させていただいたが、そのお宅の主婦である、お嫁さんと親しく言葉を交わしたことはない。気兼ねなく話せるのは、智子さんだけである。さりげないお心遣いがあればこそ、賢さんから沢山の昔語りや経験談を聞かせていただくことができたのだった。

賢さんにお聞きしたこと、教えられたことを『土田賢媼の昔語り―口から耳へ耳から口へ―』（岩田書院）として上梓できたのは二〇〇五年三月、賢さんが逝かれて一年以上経っていた。ご仏前に報告させていただくためにお宅を訪ねた。実は、まだ中陰中に、落雷による火災でお宅は全焼したと伺っていたが、新しいお住まいは、とても立派に再建されていた。そして、大層立派な仏壇に収められた遺影は、火の中からご長男が救い出されたという。その時、智子さんは位牌はいいから、写真を持ち出すように言われたという。

智子さんからいただいた電気釜一杯の炊き込みご飯を語り手のみなさんへよそう杉浦さん

確かに、中陰壇にあるのは仮位牌だ。咄嗟の冷静さに驚いた。

その日も、智子さんは、素早く「旨《ん》めぇもの」を用意してくださった。車で土田家に連れて行ってくださった渡部豊子さんと共にいただいた椀物は、ほんとうに良いお味だった。因みに、渡部さんは、「語り上手は、料理上手」の典型の人である。

＊

その後、お目にかかる折は滅多にない智子さんが、昨秋の「令和むかし話ワールド」の会場まで会いに来てくださった。大きな電気釜一杯の味ご飯を持って。お昼の休憩時間には、語り手の方々や遠方からの参加者もご馳走になったが、いつに変わらぬ、智子さんの味だった。その日の朝、お宅にある食材で素早く調理し、持参してくださったお味とそのお気持ちに感激した。賢さんと智子さんは、語りと料理の上手を分け持って、心と身体を養い続けてくださっているのではないかと思う。

付記

賢さんの夫君伊三郎さんが、二月五日に亡くなられた。今年二月二日は、賢さんの十七回忌であった。仲の良いご夫婦だったので、再会を喜ばれ、お二人で礎を作った土田家を、見守っておられるであろう。

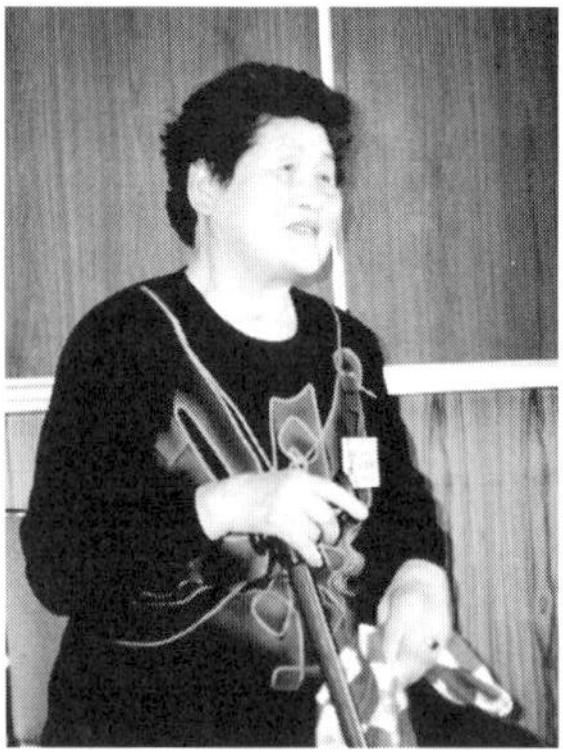
土田賢さん

どんぺからんこ・真室川

庄司アイ

東日本大震災があって、私ども家族は息子の勤務する病院の古いモルタル造りの宿舎に暮らしていた。

寒い日だったと思う。

みやぎ民話の会の小野和子先生から電話があって、野村敬子先生と杉浦邦子先生お二人を案内してお見舞いに伺う、と。私は、「何とおそれおおいこと。」と申し上げ、「常磐線は隣町・浜吉田駅留りなので、私の小さな車でお迎えにあがります。」と申し上げたのでした。

民話をやっておられる人達の「民話魂」とでもいうのでしょうか、どんな小さな話でもどんな山奥の民家へでも、また、あてもない村々へも訪ね入って耳を傾け、行動なさる。このことは「みやぎ民話の会」にお世話になって、とくと感じ入っておりましたが、まさかのお話しですし、そして、あまりにも粗末なたたずまいであったので、困惑しきってしまったのでした。

野村先生が一番先におっしゃったことは、「自分が津波に流されて、次の日、ガレキから生還した本人が、同じように被災された方の経験を聴き書いて、全

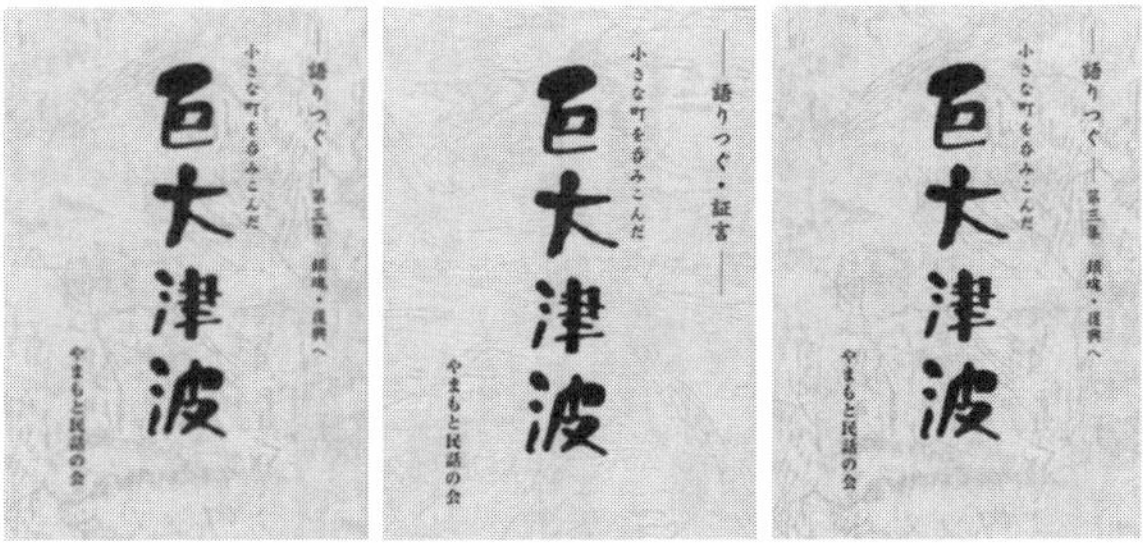

『小さな町を呑み込んだ巨大津波1・2・3』

国にむけて発信している、その人に逢いたくておじゃましました。」と。

そのころ、私ども「やまもと民話の会」は、『小さな町を呑みこんだ巨大津波』第三集の編集にかかっておりました。

こうしたご縁で、震災から九年、何かにつけてご支援、ご指導、ご助言をいただいてきました。

私どもの山元町歴史民俗資料館には、「野村純一・敬子文庫」のコーナーがあり、お二人の著書・百二十余冊、民俗学にかかわる貴重なご本を頂いております。

また、昨年三月、私どもが企画した「伊達最南端に民話を語りつぐ」では、石井正己先生とご一緒においでくださって、ご講演いただきました。その折、今回の「どんぺからんこ」のご企画のお話を承ったのでした。

本来なら私ども全員で参加致すところでしたが、三名のみにて申し訳なく存じました。

私は、敬子先生がお育ちになった真室川への想いが深く、五月に仲間の星さんに連れてもらって伺いました。「やさしい自然、立派なお寺さん、温泉もあって、まるで桃源郷だね。」と、真室川のファンになってしまいました。

大会一日目、何と申しましても、野村純一先生、敬子先生の偉業に感動。涙があふれました。純一先生は惜しまれながら、お仕事半ばで天国にお召されたと聞き及んでましたが、何と会場いっぱいの山積みの書物等。純一先生をお支えくださり、共に歩まれた敬子先生、何とご立派な、と心よりご尊敬申しあげて涙々でした。感激でいっぱいでした。二日目は石井先生のご講演、田舎の端っこでトツトツ語っておる私どもには、とてもとても力をいただきます。「石井先生のお話を聞きたくて。」と、私の周りの方々とお話ししておりました。私は一番前に席をいただいで拝聴致しました。最後、真室川の語りの皆さん、ご高齢の方もおられましたが、ご立派です。がんばっておられます。私も八十六歳になりますが、皆さんに学ん

2018年3月24、25日、山元町で開催された「大震災をのりこえ、民話を語りつぐ」

で、がんばります。

石井先生、野村先生方が全国の民話を引き出してくださり、語りつぐことの真骨頂を解いてくださって……おかげ様で語っております。

真室川とのすばらしいご縁、これからも。

私達三人は熱気むん〳〵の会場を急いで出ようととした時、松田洋子様と旦那さまが待ってて下さったのです。

「すぐそこです。寒いから暖かいお茶で、一服なさってからお帰り下さい。」と。

五月、私がはじめて真室川を訪ねた折、梅里苑で「袖振り合うも……」お目にかかった方松田様は、敬子先生のお姉様だったんです。

私達三人、人生で一番おいしいお茶をいただいて帰りました。

私のむかしむかし

星　美和子

昔の炉端には、沢山の思い出があります。でも、身近な人から昔話を聞いた記憶は有りません。鮮やかに昔を伝えてくれる語り部の皆さんが羨ましいです。

私の父方の祖父は、いつも炉端の横座で黙って火を見つめて居ました。祖母は元気で、私を茸採りに連れて行ってくれて、「ここらへん、ずうっと、家の土地だったぁ」と寂しそうに言ったことを覚えて居ます。きっと、訳が有って土地を手放したのでしょう。農地解放以前の話のようです。静かな山の暮しにも、いろんな物語が有ったのだと思いました。

一方、母の実家も山里で、小川、堤、小さな祠、道端にはお地蔵様、懐かしい思い出は尽きません。でもその場所は立入禁止、原発事故で壊れた浪江です。浪江、母の実家は、子供にとって厳しいルールが多く、窮屈な家でしたが、囲炉裏にはいつも客が居て、広い土間やかまど、大きな水瓶等懐かしい昔の暮しです。

厳しい祖母のお説教は、「起居振舞粗野にして……」と続きうんざりだったのに、不思議に懐かしいのです。座敷には立派な勲章を付けた、軍服姿の私の知らない祖父の写真がありました。祖母は姉家督だったそうです。学校を出て外で暮していた弟家族が戻って来て、悲しい家督の交代劇になったと言いますが、私には仲の良い隣同志に見えました。でも、昔話を通し考えると、本家と言われる家には、蔵や池が有り、雰囲気の異なる家でした。姉家督のこと等よく知りませんでしたが、『令和元年　真室川昔話発信ノート』（瑞木書房、二〇一九年）を読み、キヨちゃんのことがとても気になりました。

それはさておき、気になることがもう一つ有りました。祖母の家の馬小屋は空っぽなのです。キヨちゃんの「ゆう子」のことが思われて、なりません。軍馬にされた馬の家ではなかったかと思うのです。でも今は誰にも聞くことができません。残念です。これら、私のむかしは、真室川のむかしに出会う事が無かったら思い出すこともなかったむかしです。真室川とのご縁に感謝します。

私は、東日本大震災で夫と家を失いました。宇宙も地球も変わり行くもので致し方のないこと等と分かったふうなことを繰り返し、自分に言い聞かせていますが、簡単なことではありません。

やっと許可を取り、祖父母の墓参りをしました。除洗された土の袋が重なって迷路のような道を辿ってお参りをしました。汚染物質が、折り重なって押し寄せてくるような恐ろしさを感じて、人間の傲慢さを知らされたとでも言いましょうか、悲しい気持になってしまったのです。もし、これらのことが、長い時を経て、昔話に成ることが有ったら、どんな風に伝わるものでしょうか。柄にもなく、口承の意味、意義が気になります。

真室川へは、野村、杉浦両先生が編集なさった『老いの輝き　平成語り―山形県真室川町―』（瑞木書房、二〇一八年）に出会って、高齢者であることも省みずに、車を走らせてしまいました。鮭川村を通り、真室川へ。正源寺、趣の有る駅舎、病院や学校、梅里苑、朽ちた漆会館等も巡り、この町が好きになりました。浪江や双葉（父の実家）と重なったのでしょう。

二回目、仲間の庄司さんにご一緒頂いて、前回には、ブルーシートで覆われていて、入館できなかった資料館にも入り、親切に解説を頂きました。樵のことがもっと詳しく知りたいと思いました。正源寺で和尚さんの話も聞きました。

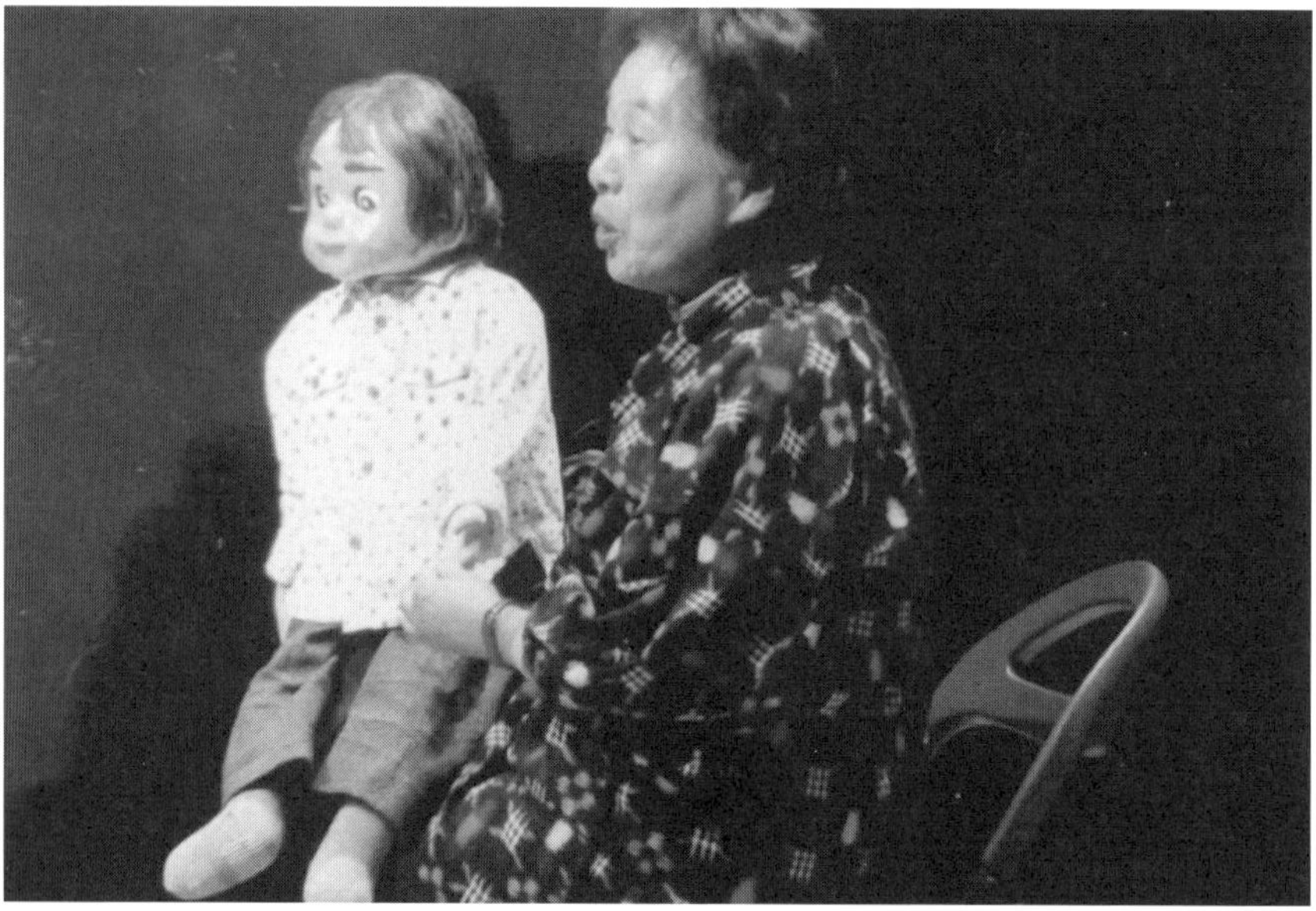

腹話術を演じる星さん（写真提供萱場裕子さん）

三回目の「どんぺからんこ」は、楽しく学ぶ事ができて、嬉しいです。歴史研究会発行の伝説も読みました。古く質の高い文化の香りの漂う町に出会う事が出来て、感激でした。雪が解けたら、またこの町を通って、以前、新庄民話の会から案内頂いた、偉大な金山杉に、もう一度会いに行きます。

キヨちゃんと「ゆう子」

令和むかし話ワールドに参加して

渡邉悦子

私は、やまもと民話の会に入会してまだ二年の月日しか経過していない中で、今回二名の先輩と共にこのような大会への機会をいただき、どんな雰囲気の会なのか?、どんなお話なのか?等、期待感と不安の中、参加させていただきました。

真室川町では、古農家や歴史民俗資料館の見学をし、さらに野村先生ご夫妻の企画展を見て、人々や歴史に触れ、町を肌で感じることができました。

また、前夜祭、「どんぺからんこ　夜語り交流会」とは、どんなことをやるのだろうと思っていましたが、参加者の方々のお話や、真室川町の伝承や昔話の世界がたっぷりあじわえた会でした。

昔語り~語る楽しさ・聴く悦び~、町内外の語り手による『昔あったけど』では、実際にお話を聴くことができて、とても良い経験になりました。

昔話は、実際にあったことや、その時代の生活の中から生まれたお話で、地域性や伝説、教えなど、いろいろあるお話を自分なりに想像しながら聴いていると、本当にそんなことがあったのだろうか?と思ったり、実際に見てみたいなあと、その世界に入り込んでしまいそうになりながら、聞き入ってしまいました。地元のことばそのもので、とても暖かみを感じました。

民話や昔話などは、その地域の言葉で語られることが多く、雰囲気を楽しむと、とてもホッコリした気

「やまもと民話の会」の星さん・渡邊さん・庄司さん

分になります。「ズーズー弁」と言って、田舎者扱いやちょっと馬鹿にしたような対応をとる場合がありますが、その地方の言葉の持つ意味合いや独特な表現は、他では言いあらわせないものがあると思います。実際に語ることは難しく、流通が良くなり言葉も変わってきている昨今、方言の持つ雰囲気を民話の世界とともに大切に伝えていくことができたらいいなと、改めて感じました。

私自身、昔話を聴くという環境で育ってきたわけではないので、語り継いで行くということがどんなものなのか?、また、民俗的視点になると奥が深いし、そこに歴史的な背景もあり、とても難しいと感じています。

でも今は、近くにいる先輩方のお話をたくさん聴く、「まずは地元やまもとのお話から」ということを最優先にしていきたいと考えています。

そして、東日本大震災で津波にのまれた恐ろしい体験や、家族を亡くした悲しみ、復興へ向け進んでいることなど、今後も民話の会の活動を通し、民話とともに後世へ語り伝えていけたらいいなと思っています。

束の間のひとときを過ごさせていただいたことに感謝申し上げます。

昔話の聖地・真室川を訪ねて

間中一代

学校での語り

コロナ禍の中、降り止まぬ雨。感染拡大防止のため、全ての語りの集いも練習会も祭りも延期や中止になった今、昨秋の「令和昔話ワールド」は夢の中の出来事の様に思い出される。

長らく昔話の空白地帯と言われた栃木から見ると、野村先生が六十年もの間定点観測をされ多くの記録が残り、昔話を町おこしの中核に据えた真室川は「昔話の聖地」とも言うべき土地である。今回、町としてその功績を讃える展示と地元の語り手の会という奇跡のイベントの開催。何を置いても伺わなくてはと、昨秋台風十九号の爪痕も生々しい被災地の栃木市を発った。降り立った真室川駅は至って平穏で、木造の立派な駅舎の印象とも相まって別世界へ足を踏み入れた気がした。

野村純一・敬子先生のどんぺからんこ展

真室川歴史民俗資料館の一室に並べられた本の数々、全国各

「夜語り交流会」間中さんの語り

地を採訪した記録のノート。そこには野村先生御夫婦の歩んで来た道のりが記されていた。その中に栃木県の旧栗山村の記録もあり、不便な時代に山里深く、大型テープレコーダーを背負って行った御苦労が忍ばれた。膨大な記録の随所に残る録音テープのメモ。片方の耳の聴力が落ちる程イヤホーンでテープ起こしされた敬子先生の姿が浮かぶ。時の流れの中で語り手が姿を消していく今、オープンリールのテープに残された声の記録がデジタル化されたと聞いて、これもまた真室川ばかりでなく日本の宝として後世に残されることが喜ばしい。会場に流れていた語り手の声の裏から響く、ジーンジーンと鳴る柱時計の音。炭をおこして櫛に刺さった鮎の塩焼きと共に出迎えてくださった佐藤準一さんのお宅の囲炉裏端や、梁瀬平吉館長の丁寧な説明を受けながら見学した歴史民俗資料館の展示から、昔話を聞いたであろう部屋の景色までが彷彿とされた。

薪はぜて　語る婆様の　頬照らす

私は野村敬子先生が講師をされていた國學院栃木短期大学の口承文芸の講座に語り手として参加していたご縁で、交流会にも参加させていただいた。昔話が繋いだ縁で、何十年もの間真室川に通い続けた方々の何と多いことか。初めて訪れた者も優しく包み込む懐の広さとぬくもりがあった。

この場で真室川と栃木にしか無い「先々様」の話、栃木では「耳の遠い婆様の話」として伝わっている話を語らせていただいた。真室川と栃木を繋ぐ話はもう一つある。正源寺に伝わる「化け物むかし」の紙芝居を演じて新しい伝承の形をお示し下さった正源寺鮭延節侯住職の曾祖父、鮭延瑞鳳師が柳田國男に書き送った「頓智小僧」の話だ。私はこれを「ふうふう・ぱたぱた・あちち」の話として語っている。母から何度もせがんで聞いた話が伝わっていることに親しさを覚える。

令和むかし話ワールド

真室川遊楽館で開催された「令和むかし話ワールド」の第一部で石井正己先生の「真室川の民話」の講演を拝聴した。真室川の昔話に果たした野村先生ご夫妻の研究の功績を知ると共に、語り手にもこれからの道筋を示して下さる有難い講演であった。

擬音語や擬態語の多い昔話は覚えの舫い綱になり、子供達も魅了したこと。昔話を語ってやることは魂のスキンシップ。「かたり」とは昔話を伝え聞くというだけでなく、人と人との魂の、命の絆。これからの活動の指針となる多くの言葉をいただいた。

続いてのステージでの、老いてもなお輝き続ける語り手の方々の姿は、今も目に焼き付いて離れない。「生きている限り語り続けよう」と、私の背中を押してくれた。

耳袋に貯めこんだ昔話、出会った芯の通った生きる姿のいい方々。美味しい地酒。私もすっかり真室川のファンになって、またの真室川行きを夢見る今日である。

あの「黄金バット」を真室川で

住谷信夫

　紙芝居「黄金バット」を、山形県真室川にて、展示会イベントの前夜祭「どんぺんからんこ夜語り交流会」で、お客様約四十名（四十～八十歳）程の前で読ませて頂きました。野村先生からの紹介が有り、その瞬間、「うお～」「ええ～」と数名の声が聞こえ、視線が私に向きました。「黄金バット」を持って前に立つと、今まで見たことも無い鋭い視線を感じ、瞬間、「やばい」と思いました。子供たちと違う怖さだったからです。腹を決め、読み始めると、いつもと違う自分が有りました。物語にのめり込んでいた気がします。そのせいか、物音一切無く、さらに目線鋭く聴いて頂きました。最後に、「この続きは次回をお楽しみに」で終了したところ、笑顔と共に、私としては表現の難しい大きな拍手を頂きました。

　後で聴くと「懐かしい」「江戸弁が良かった」等、普段聴かない声をいくつか頂き、最高の喜びでした。また、お客様の中に真室川町長、教育長、大学教授等、私にとって、殿上人のような、いつも逢うことのない方々がいらっしゃいました。その前で読めて、子供時代に戻ったように見て聴いて頂いたのも、今までに無い喜びです。もう二度と無い一世一代の幸せです。真室川の言葉は一回聴いただけでは分かりませんでした。しかし、あと二、三度行けば理解出来そうです。そんな風土の持つ柔らかさ、語りの会場の暖かさがありました。是非、またと思いました。皆様に感謝申し上げます。

「どんぺからんこ　夜語り交流会」で住谷さんの紙芝居「黄金バット」

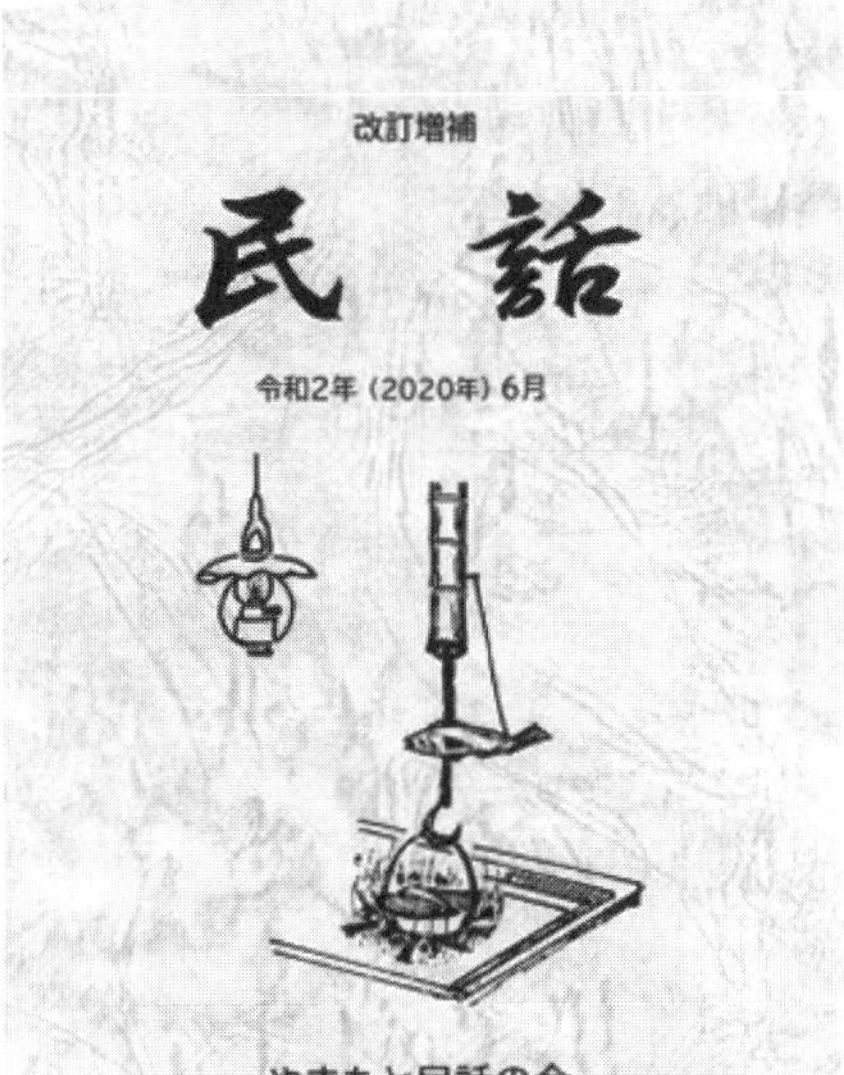

『改訂増補民話』編集後記より抜粋
「また、この冊子は東京都在住の野村敬子さんを介して、住谷信夫さんのご寄付の申し出がありました。お言葉に甘えて、本書はご寄付によって印刷・発行いたしました。ここに改めて、お礼申し上げます。印刷したものは、山元町の小学校・中学校・特別支援学校の児童・生徒に配布いたします。やまもと民話の会」

どんぺからんこ展に寄せて

三浦修子

令和元年、野村敬子先生八十歳を迎えられた記念の年。「どんぺからんこ展」、大成功おめでとうございます。

純一先生は亡くなられて十三年になりますが、敬子先生の故郷山形県真室川町に原点をおいて御夫妻が昔話研究されたことを示す展示会が開かれました。長年努力されてきたことが展示場に見事に実を結んで素晴しい。この一か月の展示に二日間のイベントがありました。ここに参加出来て大変光栄でした。町長さん、教育長さんはじめ町の方々と東京からの参加者が前夜祭の語り、講演会、そして町の方々の語りと、二日間は楽しい企画でした。

東京から新幹線、奥羽本線真室川駅で降りるとバスが待っていました。バスには歴史民俗資料館館長さんが待っていてくださり、町名由来、町の歴史などお話しされました。わかり易いすばらしい話術で感じ入りました。新町の旧家・嘉兵衛さんに上がらせていただき、ご当主のイエのお話。隣りの旧家・権八家の女性当主のご案内で、先代の当主仏師の方が彫った作品のある蔵見学、江戸絵を飾った座敷も見学。正源寺で重要文化財土偶の見学。ご住職さんのご説明も伺いました。真室川には「山の神勧進」という行事があって、案内していただき、館長さんは祠の前で勧進を唱えてくださいました。節がついていました。それは子供達が村の一軒一軒の家を廻って、顔見せて勧進を唱えて、お米を貰うという子供のお祭りが今

佐藤準一邸で囲炉裏には鮎

でも続いているということです。村中の人が村中の子供達の成長を願って、ご飯をいっぱい食べさせてあげるという、お祭りがあるなんて大変感動しました。

宿の梅里苑では心なごむ温泉につかり、夕食会も盛大で、美酒・近岡も沢山いただきました。終いに出された雪若丸のまっ白なおにぎりは、とてもおいしかったです。

二日目は昨日と同じ展示会場で再度昔話資料を見たり、テープ録音を聞いたりしました。石井先生のご講演は昔話と野村両先生との関わり、視野を広げてお話しなさいました。そしていつも寄り添っていらっしゃる奥様が素敵です。奥様と初めてお話をしました。

「むかし、あったけど」で始まる山形弁の昔話。優しい響きが大好きです。女言葉かしらと思っていましたが、お爺さんも語っていらしたので、増々好きになりました。

伊藤寅吉さん、庄司房江さんたちの昔話の中に、キツネとはやり病の話がありました。お婆さんが町

片桐さん「猿とビッキの餅争い」紙芝居

で買物した帰りに、キツネの親子に油揚のみやげを何度もあげた。村で子供達がはやり病に患った時、キツネ親子が恩返しに命かけて、はやり病を鎮めてくれたという話です。身近な野生動物と仲良く暮していたという話です。身近な野生動物と仲良く暮していたということが、とても良く伝わってきます。それから佐藤壽也さんの祖母のお財布は皮で出来ていて三つ折にして紐で丸めて、仏壇に上げてあったお金が減るので、さわってはいけないという話もありました。私の祖父も似たような財布をどてらの懐に入れていました。もう六十年以上前のことです。

高橋市子さんは、見た目が私の母によく似ていて親近感がわきました。素朴な語り口は何度聞いても飽きません。

片桐早織さんのアラビア語の紙芝居では、場内がどよめきました。お地蔵様がいけない国があるなんて!!

荻原悠子さんの語り納めの締めの言葉も立派でした。

野村敬子先生は、「聴き耳の会」では一人ひとりの個性を尊重して、引出し、励まし、のばしてくださいます。日頃、質問を募り、即答出来ない時は、調べて次の機会に答えます。と、おっしゃって謙虚な姿勢を貫いておられます。尊敬しています。

どうぞお元気に長もちして下さい。

六色に彩られた真室川に

荻原悠子

私は今、東京に住んでいる。ある時、ふと気がついた。消えてしまったのだろうか。あの声は。つい最近までそこ、ここで響いていた気がするのに。どこに行ってしまったのだろう。

どこかに行ってしまったのは、呼ぶ声である。

「〇〇、あーそーぼー」と誘う声。

「ごめんくださーい。ごめんくださーい」と訪ねる声。

「おーい、おーい」と呼び止める声。

東京駅から新幹線に乗って真室川町に着いたわたしは、久しぶりに呼ぶ声に出合った。声、声、声、真室川町は、様々な声に満ちていた。昔語りを語り、そして聴く人々のにぎやかな声である。

青 新幹線での私の隣の席は、修子さん、神奈川県川崎市の語り手である。江戸川区の語りの勉強会「聴き耳の会」でいつもお世話になっている。大宮を過ぎた頃、後ろの座席から女学生のような声が聞こえてきた。清野さんと奥灘さんの声だ。正源寺さんの話に声がはずんでいる。お二人が、初めて正源寺さんを訪れてから数十年がたっているという。アオハルという言葉は現代のことばだが、この時の二人の声はまさに青春（あおはる）の華やぐ声であった。

令和元年一〇月一八日、私たちは電車から降り、真室川の地に立った。町立歴史民俗資料館の梁瀬平吉館長に案内していただいた。

赤 古民家・嘉兵衛御宅の赤く火が輝く囲炉裏。灰には、串打ちの鮎が立って腹を火にあぶっていた。ご主人の佐藤さんと佐藤さんの見事な書に見送られて遠田家の座敷に行くと、錦絵（浮世絵）の数々が色取り取りに広げられていた。葛の葉ぎつねの歌舞伎絵、忠臣蔵の松の廊下絵、などは、雛祭りに飾られたのだという。錦絵の赤い着物をうっとりと眺めた娘さんたちの声が聞こえてくるようだった。

白 次いで白い漆喰で塗られた堅牢な蔵に入ると、遠田旦弥さんの木彫りの仏像、能面が展示されていた。一つひとつから最上の木の息遣いを聞いて蔵を出ると、遠田さんの家の屋根の下に池があった。降る雪は屋根の勾配をつたって池に落ちるのだという。雪をうけるための池の機能をはじめて知った。雪がおちると、どのような音がするのだろう。未知の音を想像して空を眺めた。

茶 奥羽本線の黄色と黒の縞の遮断機があると思ったら、踏切の向こうに曹洞宗正源寺の荘厳な立派な楼門が立っていた。本堂でご住職から「宝物」について説明いただいた。大正時代に田んぼから偶然に見つけだされた縄文時代の「土偶」である。京都の寺社の雅に先んじて、東北のこの地に文化の芳醇があったことを土偶は私たちに語りかけてきた。

遠田邸錦絵見学

黒 真室川町立歴史民俗資料館「どんぺんからんこ　生き続ける昔話展」の展示で、野村純一先生のノートの展示を拝見した。野村先生からかつて国學院大學で学んだ方々の声が聞こえる。「先生は、こういうふうにノートをとっていらしたんだ」「私にはこういうふうには作れない」などなど。黒いペンで整然と各地の記録がとられている。貴重な黒い文字がある。かの地で聴いてみたかったと思う。

若草 一〇月一八日の夜、そして翌日の「令和むかし話ワールド」の集いで、わたしはたくさんの声に包まれた。石井正己先生のご講演、真室川町の語り手の皆さんの「昔あったけど」の語り。町外の語り手の方がたの語り等、どれもみな素晴らしく心に響いた。そしてまた、昔、語りを聴かせていただいた方々がいないことを淋しく思い、しかし若草のような子どもたちの語る姿に昔語りが生き続けているのを嬉しく感じた。小学校で語り活動・読み聞かせ活動をされる山田さんご夫婦、お孫さんを連れて伝承館においでになった佐藤喜典さん、多くの方のご尽力に心から尊敬する。

私は、東京に帰って喧噪の中で日々を過ごしている。夜、空を見上げても星の数は少ない。東京の夜は明るくて星が見えないのである。でも、見えなくても星は光っている。聞こえなくても一度聴いた声は胸の中で響いている。

私の胸に今も響きつづける声は、梁瀬平吉館長の「山の神勧進」のうたである。

こごの家の身上　のぼるように　繁盛　繁盛

このように美しい立派な呼び声があることこそが、真の誇りである。

真室川の昔語りと山の神勧進がいつまでも伝えられることを強く望んでいる。

錦絵

おいしかった、あたたかかった昔話展

伊藤京子

以前、野村敬子先生の本『語りの廻廊―聴き耳の五十年―』に美しい出会いを記念して、野村敬子とサインしていただきました。今回の昔話展「どんぺからんこ」はそんな美しい出会いがいっぱいだったように思います。

まず、夜行バスで行った私は、新庄でバスを降りると、日本民話の会の石井さんに声をかけていただき、一日ずっとご一緒して、とても楽しかったです。また早朝、野村先生に梅里苑で出迎えていただき、皆様と合流してのモーニングコーヒーおいしかった、あたたかかった!

資料館を見学し、会場に移ってからの昼食は、おにぎりと里芋汁（いものこずる）、おにぎりの具はなし、でもさすが、「雪若丸」か「つや姫」。とてもおいしかったです。里芋汁は、『語りの廻廊』の「出産の場と昔話の語り手・富樫イネさんの場合」「巫女的な語り」の中で、山の神講、川口の講中は、いつも里芋汁で共食した後、その汁椀を伏せて、汁の流れ具合によって代参人を選定する。と書かれていました。夜行バスで行った私にとって、このあたたかい里芋汁は最高、とても元気をもらいました。列が途切れた頃、おかわりに行きましたが、「人数分よりも多くの人で一人一杯」と言われました。もっと味わって食べればよかったと思いました。後で、野村先生から、食材はすべて（牛肉、真室川ねぎ、里芋）、それぞれの真室川の生産者の方々の寄付と知りました。出会いが重なり合ってできたことではないでしょうか。

列に並んで里芋汁をごちそうになる

今回のポスターが好きです。まるい美しい地球の上を、オニもトラも、サル、キツネ、桃タロウ、いろいろな国の人達がみんな笑顔で手をつないで立っています。出会って、平等、平和を願っているようで、好きです。孫と一緒に見ているEテレの「いないいないばあ」でうたわれている、「て・て・て・て・て」という歌があります。歌詞は、「て・て・て・て・てをつなごう　一・二・三・四で一緒に歩こうルンルンルン……」。この絵を見るたびにメロディを口ずさんでいます。

最後に、市子さん、ケイ子さん、黒田さんの語りを聴いて、七年前に伝承館で聞いた時のことをいろいろと思い出しました。本当に楽しかった一日をありがとうございました。東京での語り活動、読み聞かせにこのあたたかさを活かして参ります。あの日江戸小咄を語って会場をわかせた黒田谷男さんがお亡くなりになったと知りました。心からご冥福をお祈り申します。

おにぎりと里芋汁で幸な荻原さんと間中さん

野村敬子話者紹介

第三部　真室川での活動を振り返って

平成９年「八起会　村づくり講演会」マンジュシャリ・チョウハンと野村敬子（八敷代公民館）

はじまりは真っ白な細い一本の雪道から

佐藤　保

平成二年二月、降り積もった真っ白な雪に伸びる一本の細い道。

ここは真室川町大沢の小国集落。昔話研究家の野村敬子さん、杉浦邦子さんと職場の上司とともに、ビデオカメラや三脚等の重い撮影機材を持ち、一歩一歩不安定な足元を確かめ歩いていきます。目指すのは佐藤五助宅で待つ昔話の語り部の佐藤ミヨエさんと佐藤シンさんです。

三十年余りが経過した今でも鮮明に思い出すことができます。それまで、昔話に対する何の知識も意識もなかった私にとって、真っ白な雪の中に続く一本の道が私と昔話との出会い、「昔あっけどなぁ。」となりました。

これ以降、何十人もの町内の語り部の方々を撮影していくことになります。昔話の収録は、野村敬子さんの指導で、より完成度の高い昔話を収録するため同じ話者の方に何回か通い、同じ昔話を語っていただきました。そのうちに話者の方々の目が生き生きと輝き、表情も明るくなっていくのがはっきりとわかりました。町内各地でひっそりと眠っていた多くの高齢者の目も心も生き生きとさせるほど、「昔話ってすごい力をも持っているんだなぁ。」と、その時、強く感じたものでした。

町の昔話の保存継承を語るうえで、野村純一さん敬子さん夫妻とともに、大きな力となったのが、話者で結成された「真室川民話の会」ではないでしょうか。平成七年度に、話者の皆さんが、伝承文化の重要性を認識し、心豊かな町づくりに貢献することを目的に、「真室川伝承の会」（初代会長の高橋良夫さん、会員三十七名）を発足しました。平成九年には、活動の目的をよりはっきりさせるため、「真室川民話の会」と改称し、渡部佐重さん、伊藤寅吉さん、高橋重也さんへと会長が引き継がれ、毎月開催される例会で、昔話を語り合いながら会員相互の親睦をはかり、会員全体で昔話の保存継承に取り組んできてくれました。

この民話の会の活動や会員の昔話に対する情熱を陰で支えてきたものがあります。それは、会員でもある梨本道夫氏が発行してきた『民話通信』です。平成十一年五月に第一号が発行された『民話通信』は、私の手元にある最後のもので、平成二十七年十月四日付の三百六十五号となっています。

『民話通信』は、単に行事日程のお知らせだけではなく、会が継続できるための楽しい活動を掲載しながら参加を促し、昔話を生で語る情熱を維持するための大切な役割を担ってきたも

真室川町の第一回昔語り録画風景

真室川民話の会（平成７年発足）

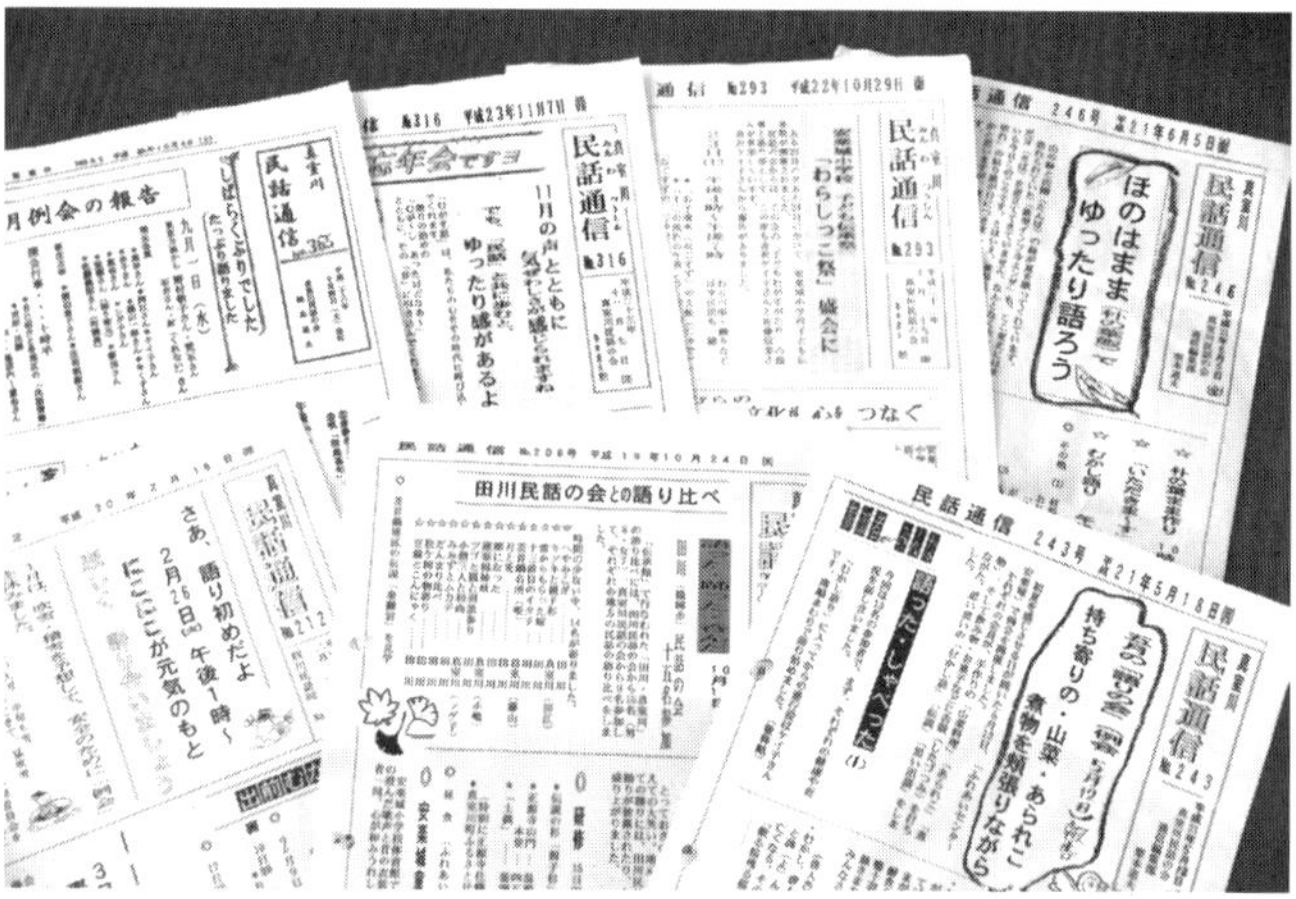

『民話通信』

のと思います。『民話通信』は、話者同士の心と心を一つにするための梨本道夫氏から話者の皆さんへの熱烈なラブレターだったのかもしれません。

　現在、民話の会は、多くの話者の方が亡くなられ、民話の会という名称はあるものの休止常態となっています。昔語りは本来、一人では成立し得ないものです。語り手と聞き手のお互いの人間関係があってこそ生まれる文化といわれています。高齢者のみの世帯や過疎化が進む時代となった今日、昔話が町の活性化に果たす役割は大きいものがあるのではないでしょうか。家庭、地域、町にとって忘れかけていた人間関係のあり方が復活できるものと信じます。そのためには、生で語ることができる「民話の会」の存続が必要と感じています。野村敬子さんをはじめ、多くの方々の努力によって昔話集やビデオとして残された貴重な資料を活用させていただき、存続の手伝いを微力ながらやっていくことができたら、私の昔話に対する恩返しになるのではないかと考えています。

祖母の昔語りと野村先生

佐藤喜典

高橋サツさん（明治二十九年生まれ）

私は今、六十八歳。真室川町八敷代で生まれた。母は、金山町漆野という十三戸の小さな集落で生まれた。漆野村は、寛永八年（一六三一年）に開発を許され、十三戸の開拓仲間によって水を引き、開田を成功させている。この仲間に、母の実家「高橋善兵衛」家がある。開村三百八十余年、当時から戸数が変わらず、集落の結束力の強いことが伺える。母はこの家で、十代目の父「政治」（明治二十六年生まれ）と真室川町川ノ内村から嫁いだ母「サツ」（明治二十九年生まれ）の、六人兄弟の次女として生まれた。そして、真室川町八敷代という、距離にして八キロくらいの集落に嫁ぎ、私が生まれた。

子供の頃、正月礼や盆礼、彼岸参りと称し、母の実家に帰った時の思い出が忘れられない。車もなく、道中は歩きで半日ぐらいかかった。特に冬は歩くのが大変で、たまに通る馬そりに乗っけてもらうのが嬉しかった。また、薄暗い杉林の中を通らねばならず、何か恐ろしいものが出てくるのではないかと、とても心配して通ったことが忘れられない。

家に着くと、祖母「サツ」ばんちゃんが出迎えてくれ、「よし坊、よくきたなー」「おっきぐなたなー」と口癖のようによく言われた。小さい頃

『五分次郎』

『真室川昔話集』

からばんちゃんのことを「漆野のばんちゃん」と呼んでいて、とにかく物静かで優しく、怒られた記憶がない。私らが行くと、母の兄弟やその子供たちが、家族も含め二十数人集まり、古く大きい茅葺の家は体育館となり、家中を駆け回り、仲良く遊ぶことがたまらなく好きだった。しかも、私はばんちゃん子で、夜、いつも一緒に寝ていた。布団は「藁布団」でゴワゴワし、動くとガサガサ音がしてうるさく感じたが、抱っこしてもらいながら眠りに就いた。しかも、何より昔語りを独占して聞いていた。語りを最後まで聞いた記憶はあまりないのだが、動物が出てくる話や鬼の話、地名の出てくる話が多かったように思える。今も集落内には狐にまつわる「ドウ坂」があり、そこを通るたびにキツネや鬼が出てくるのではないかと、この年齢にしてもドキドキする嬉しさがある。物や品はなくても、人の優しさを受けながら育ってきた時代であった。

　役所に就職してからは、昔語りを聞く年齢でもなく忘れてしまっていたが、昭和四十七年『五分次郎』の本と、また、昭和五十四年頃に『全国昔話資料集成　真室川昔話集』の本と出合った。話者を見ると「高橋サツ」とある。真室川のどこの方なんだろうと思いながら、同姓同名の漆野の家に聞いたところ、「昔、東京から子供を連れて昔語りを聞きに来た人がいたっけ」と言われ、漆野のばんちゃんの語りが本になっていることを知った。

平成元年、ふるさと創生一億円のプロジェクトを町でも立ち上げ、「昔話と民俗芸能の継承事業」の一環として民話伝説の保存継承を掲げた。その火付け役、指導者となっていただいたのが野村敬子先生であった。ここで初めて、野村純一先生・敬子先生と漆野のばんちゃんと私が、繋がったのである。

不思議な縁から三十余年。野村敬子先生のバイタリティーと、聞き手としての巧妙さは、語り手にとって絶対的な信頼関係を築きあげてきた。先生が町に帰ってくると、お年寄りの方々が急に元気になる。とても不思議なことである。こうした長年の縁があって、昨年「令和むかし話ワールド」を開催することができた。一番印象が強かったのは、野村純一先生の採話ノートを拝見したことで、とても丁寧で几帳面な記録に、携帯録音機のない時代のご苦労が伝わる貴重な研究財産であると感じた。昭和三十年代、漆野のばんちゃんの話も記録されており、見て・触れて、言葉にならない感動であった。

親から子へ孫へと語り継がれてきた昔話が、暮らしの中から消えようとしているのは残念なことと思う。活字として、また、読み聞かせる物語としてだけ、余命を保っているように感じるのも辛い。民話の宝庫、伝承地帯と言われてきたこの地に暮らす自分にとって、残す・広めるといった課題と向き合うと、責任は重いと常々思っているところであるが、その先に一歩踏み出せないでいる。パソコンなど文明の利器の高度化によって、昔話なども迅速かつ正確に永久的に保存し、いつでもどこでも聴き、見る環境にあることは大変素晴らしいことであるが、語り手の出番が少なくなり、また、聴き手もいなくなっていることに寂しさや危機感を覚える。

いずれにしても、漆野のばんちゃんの昔話を聞けたこと、野村敬子先生に出会えたこと、昔話に関わりが持てたことが私にとって一番の誇りであると思っている。この接点を皆と繋げて行くことが、今の私の使命かなと考えている。

世代を超えて—子ども達は語り継ぐ—

遠田且子

昔話と紙芝居祭りから子供伝承祭へ

平成五年に『真室川町の昔話』全六巻が町教育委員会から発行された後、多くの子ども達が生の昔語りに触れ、昔語りに親しむようにと企画されたのが「昔話と紙芝居祭り」でした。

町内八小学校でそれぞれ地域の語り手から昔話を聴き、子ども達が紙芝居に仕上げ、町の公民館で発表し合うというものでした。長い時を経て今に伝えられた昔話世界が、現代の子どもの感性でどう捉えられ、昔ながらの語りがどうイメージされているのかを知る興味深いものでした。

手探りで始まった紙芝居作りでしたが、担当者の優れた指導や子ども達の自由な発想から見応えのある作品が生まれ、後に紙芝居作品集に

1995年3月、真室川町教育委員会社会教育課発行

まとめられました。

子ども達にとっては、婆ちゃん達は、話の面白さのみならず、穏やかでゆったりした語りぶりや語りの合間の交流を通してその人柄に触れることにもなりました。

その後、町内の各種伝承活動の発表の場となる「子供伝承祭」が始まり、子ども達の語りがその中に組み入れられ、紙芝居祭りは発展解消することとなりました。

現在は、小学校の教科クラブ活動などで練習した語りを発表する形になっています。

子ども達の語り口について、安楽城地区の小学校で指導に当たっておいでの山田敏一さんによると、方言そのままを覚えるように求めてはいないそうです。会話部分は方言を用いながら、子ども達の日常の話し言葉で語るようにしているとのことです。

話の中に込められた先人の思いや教えを受け止め、語り継いでほしい、という大人の思いが子ども達の感覚に寄り添った進め方になっていると思います。

「真室川の昔話を絵本にする会」のこと

町内に昔語りの新たな人材が少ない中で、私は、読み聞かせボランティアに期待出来ないものかと考えていました。ただ、皆さんに取り上げてもらうには、真室川の昔話絵本が必要です。そこに野村先生の後押しとご指導があり、平成二十六年発足したのが当会です。

絵が描ける人として声を掛けたのは、当時手作りの絵本を発表していた佐藤奈津紀さんでした。絵の制作に留まらず、クラウドファンディングを利用した資金集め等まで、結局、彼女が絵本作りを中心的に担ってくれることになりました。

子ども達には思い描くことが難しい場面の様子が、奈津紀さんの魅力的な絵で語られ、方言の特徴を保ちながら読み易さに配慮した文章の絵本になりました。

しかし、絵本を活用した語りも、初見ではなかなか難しいという声が聞かれるようになりました。ある程度の配慮があったとは言え、文字化された方言は読みにくいものです。

そんな声に応えながら、他の話にも触れられる場を設けていくことが、この会の差し当っての課題であると考えています。

私が聴いた昔語りは、祖母の寝物語でした。そこから私が教室の子ども達に語ったのは、目の前の子ども達を映した人物も登場する嘘昔です。時には、子ども達が参加することもありました。

語りは、目の前に居る聴き手の様子を見ながら「むかし」の心を語り手の思いと共に伝えてきたものと思います。語り口の変化はあっても、人物の描写が多少変化しても、「真室川の昔話」は生き続けていくものと思います。

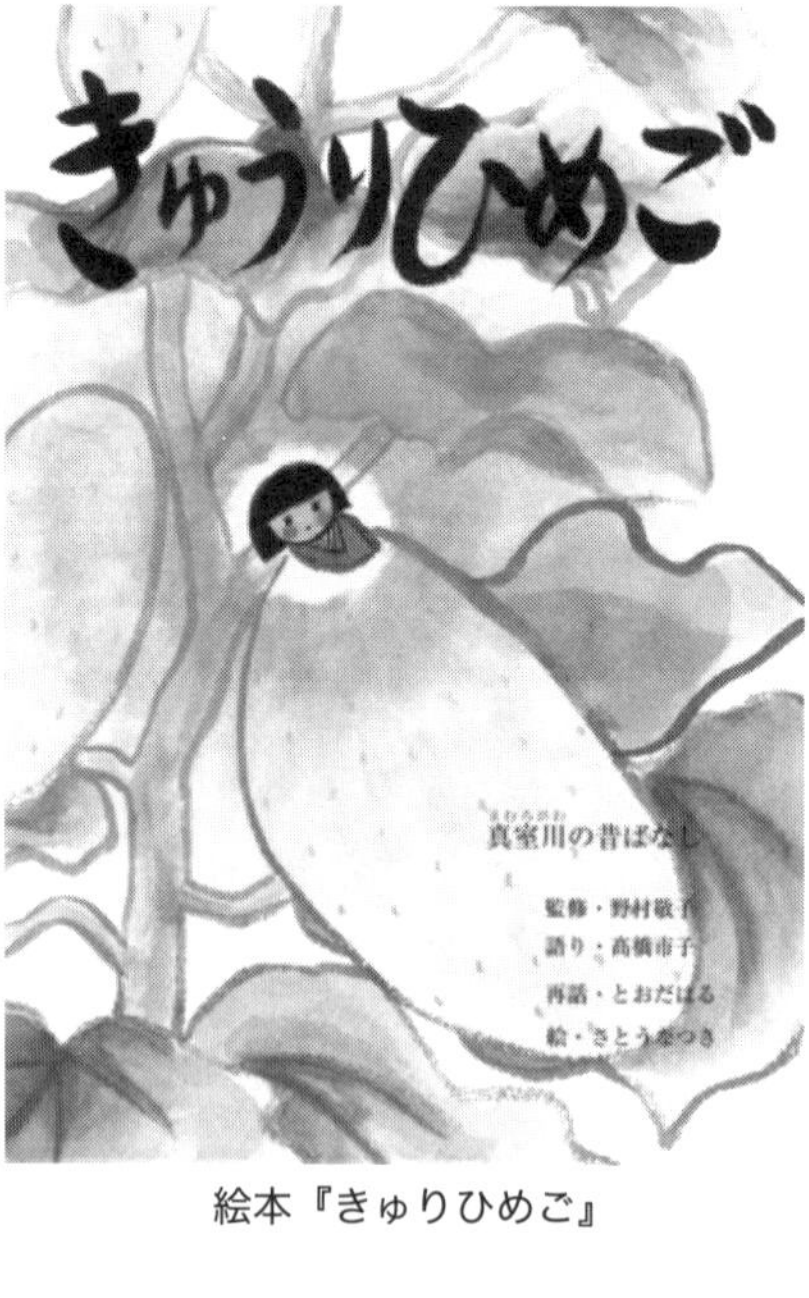

絵本『きゅりひめご』

読み聞かせ活動に寄せて

山田美喜子

私が読み聞かせ活動を始めた拠点は真室川町にある町立安楽城小学校、現在の真室川あさひ小学校です。地区にある三校が統合して、現校名に改正されました。在校生六十五名の小規模校ですが、平成十八年ころの安楽城小学校時代には単独校で、四十四名の児童が学ぶ校舎でした。

私が読み聞かせ活動を始めたきっかけは、二番目の子供が入学し、ＰＴＡ活動に関わることになったときでした。担任の先生からの依頼を断り切れずに受けてしまったことからです。きっと、引き受けてくれる人がいなかったんでしょうね。哀願するような言葉に引き受けざるをえないと思い、負けてしまったと言うのが本音です。しかし、委員という役目を受けてしまうと、最上地区のＰＴＡ研修会や各委員会などに参加することで、自分の子育てにも役立つ情報を得ることが出来ましたから、今では感謝しています。その中の一つが「読み聞かせ」という活動でした。

子供が小さかった時には寝かせつけるときに本を読みながら寝かせたものですが、大勢の子供たちを前にできるのだろうか……、いろいろ思い悩みましたが、子供たちのため十五分程度の絵本を読むだけなら私にだってできないことはないと思うことにしました。やってみると子供たちは、私を見つめ真剣に耳を傾け話を聞いてくれています。いつも読んでいると、子供たちの目がキラキラ輝いているのに気がつきます。言葉の持つ「力」みたいなものを感じて、これからも続けて行こうと思いました。それからは他のお母さん方にも協力をお願いし、四人の理解を得ることができました。さらに校長先生の理解もあり、平成十八年から現在に至るまで歴代の校長先生の了承を頂き継続させてもらっています。

今の読み聞かせサークルは開催される内容も盛りだくさんで、人数は十四人に増えて大家族のようになって頑張っています。年齢も様々で、選ぶ本もそれぞれですが、子供たちへの想いは共通するものがありますから、子供たちはいつも楽しみに待っていてくれています。また年に二回、スペシャルでは全校生徒が体育館で一堂に会し、会のメンバー全員で絵本を大型テレビに映し出したり、大型紙芝居や子供たちがよく知っている物語をピアノ演奏と合わせたり、私達の歌を聞かせるなど、趣向を凝らした読み聞かせ活動をしています。また、日本の文化を取り入れることにも取り組んでいて、詩吟をやっている人も居て、子供たちには珍しいことなので、吟じてもらっています。また、三月三日が近づくとお雛様物語を聞かせ、真室川町のお雛様行事をお話しさせてもらいます。前方には赤い絨毯、くじら餅やしんこ餅、桃の花を飾り付けたりして、あさひ小学校のひな祭り会にすることもあります。その時は会のメンバーそれぞれが役割りを持ち一緒に参加することで、子供たちとは言葉だけじゃない一体感が生まれ楽しく触れ合うことができます。

そしてここ大沢地区には、かつて野村敬子先生が口承文化の昔語り収集で足を運んでくださったところでもありますので、昔語りもたくさんあります。私達も読み聞かせの中で地域に残る昔話を語ることもありますが、子供たちは地域の方々から聞きながら学校のクラブ活動としてわらべ唄と昔語りに取り組んでおり、真室川町の伝承者として色々な伝承祭りなどの行事に参加し、聞く私達に活字にない懐かしさとほっこりした感動を与えてくれました。

わらべ唄は「わらべ唄保存会」の子供たちが歌い続けてくれそうなので、何とか繋がりそうなのですが、昔話は「真室川民話の会」会員の高齢化により少なくなりつつあります。むかし……むかし……、本もテレビのない時代には生活の中の一部として昔語りがあったと思いますが、生活の進歩と多様化のなかで見るものや聞くものが出てきた現代では、口承する文化は薄れてきました。そんな中でも指導者の方々が現代社会の中だからこそ伝承活動の必要性を見いだして、できるだけ楽しくいろいろな昔話を語って頑張っています。少子高齢化で伝承者不足が考えられますが、地域に残る伝承文化活動を途絶えることなく引きついでいってほしいものだと願いつつ、いま言葉が伝える力（暖かさや温もり、さらに柔らかさ）を読み聞かせを通して精いっぱい紡いでいこうと思います。

そんな中で私の読み聞かせは意味を持っているのだろうか、と考えるとき、話すことで子供たちが少しでも本を好きになり、興味を持って本から学ぶことの大切さ、知る事で優しい気持ちになり、心を豊かにできるということを伝えるためだと思います。生涯に「これだ！」と思える本に出会ってほしいと願っています。

私の場合は宮沢賢治の一節にある、「雨ニモマケズ　風ニモマケズ　雪ニモ夏ノ暑サニモマケヌ　丈夫ナカラダヲモチ」の詩です。子供のころは難しくて良く分かりませんでしたが、大人になってこの詩に出会えた事が良かったと思います。

私が小さかった頃はお父さんやお母さんに子守唄を歌ってもらい、昔話を語ってもらい、絵本を読んでもらい、暖かい温もりに包まれて育ちました。今の子供たちも生まれ育った家庭環境は違っても、それぞれが感じているふるさとの山や川と同じように、言葉を通して伝わる人の気持ちや温もりはいつまでも変わらず心の中に残っていてほしいと願い、これからも口承による「読み聞かせ」を仲間と共に続けていきたいと思います。

姉家督と「真室川民話の会」

佐藤玄祐

昨年の十月十九日（土）の「令和むかし話ワールド」の会に、「河北・紅の里昔語り会」から三名参加しました。石井先生の講演は「姉家督」の話など、深くわかりやすい内容でした。その後の「真室川民話の会」のみなさんの個性的で迫力ある語りに、心を打たれました。とくにばあさん方の年を感じさせない、「せどの山のどんころ」や「さるむこ」や「どんべんからんこ」の朗々たる語りのリズムに感動しました。真室川の先祖からの豊かな語りが今日まで綿々と受けつがれていることを改めて知りました。そのゆったりした温かさを学びたいと思いました。

そしてその豊かな語りが、なぜ今日まで受けつがれてきたのか、いろいろ考えさせられました。その理由の第一は、石井先生の講演の姉家督相続にあったのではないかということです。先生は「姉家督相続によって家と娘が密着し母権が温存・優先され、昔話の継承でもあった」とのべていました。真室川の地域では、伝統的に長女が家の相続権を持つ・母（女）権が認められ、その反映として長女から長女へと昔話の切れ目ない受けつぎが行われてきたようです。私の村（庄内・櫛引・黒川）でも、部落の中で三割ぐらいが姉家督に近かったことが思い出されました。

きびしい男尊女卑の封建の農村で、姉家督という女性尊重の女権が存在してきた事実に歴史の明るい側面を感じます。このことはまた、地域全体が姉家督相続を認め、支持してきたことを意味します。そしてなぜこのような姉家督相続が生まれ、続いてきたのかも考えさせます。

豊かな語りが受けつがれてきた第二の理由として、真室川地域の多くの先祖の農民が昔話に親しみ、心のよりどころの一つとして語り、聞き続けてきたからだと思います。そしてそれら民衆をリードしてきた先人、採録者、研究者、「真室川民話の会」などの功績があったからでしょう、正源寺住職・瑞鳳氏、野村純一・敬子先生、大友義助氏、佐藤義則氏などの大きな支えがありました。さらにこれらの活動にたえず物心両面にわたって協力援助を続けてきた町教育委員会の温かい活動があったからでしょう。町教育委員会が町民と共に「真室川の昔話づくり」事業に積極的に参加し、『真室川町の昔話』全六巻の出版や語り部育成に努力を払ってきたことは、他地域にはあまり見られない点だと思います。

第三に「真室川民話の会」に少し触れたいと思います。野村敬子先生は「真室川の平成昔話は（ふるさと創生昔話）の事業があり、その終了後に「真室川民話の会」を七年に結成、自立活動へと向かいました。」とのべています。「真室川民話の会」が、毎年、町内の小学校・保育園への出前語り、毎月の語りのつどい、他地区との広い交流、研修会を続けてきたことは、『真室川民話通信』でもよくわかりました。

私も前々から「真室川民話の会」とは梨本さんを通して交流し、私が庄内「田川民話の会」にいたころは、会として「真室川民話の会」へ十名以上訪問し、一泊の語りくらべ会を楽しくやったことがあります。また、各地の昔話の会を県として結び合う「山形民話の会協議会」を平成十年に結成し、その第一回の「やまがた語りのつどい」を鶴岡・櫛引で開いた時は、真室川から十一名も参加して頂き、語りだけでなく、歌や踊りなどでも交流会を盛りあげてもらいました。

現在、昔話の課題は多くありますが、その一つに過去のすぐれた語りを学び直す課題があります。語りの原点、声とことば（方言）、相づち……などですが、それについて各昔話の会では活発な、遠慮のない対話、討論が行われているのか、私自身、自信がありません。仲間内での熱い話しあいが、心に響く語りを生み出していくと思っていますが……。

さらに、自分の会だけでなく他地域の語りの会との交流学習が必要と思います。

山形県の場合「やまがた民話の会協議会」という県一本の交流学習のつどいがあり、毎年語りのつどいを開いてきました。しかし最近、少子高齢者社会を迎え、会員の減少、病気・脱退など問題を抱えています。このような問題のある現状に対し、どう対応していくかの討議交流学習が今一番必要だと考えています。ご指導下さい。

民話通信 No.１５　　平成１２年７月１３日(木)

民《みん》話《わ》通《つう》信《しん》 No.15

平成十二年七月十三日(木)
真室川民話の会事務局

第1回やまがた語りのつどい

真室川民話の会から十一名の参加

七月九日、撫引町で開催された第一回やまがた語りの集いには、真室川民話の会から十一名の参加でした。

参加者

＊差首鍋地区（敬称略）
・高橋シゲ子・高橋市子
・藤山キミ子
＊大沢地区
・大沼美代・沓沢ケイ子
・渡部佐重
＊及位地区
・伊藤寅吉・高橋京子
＊真室川地区
・柴田敏子・畠山一彦
・梨本道夫

全体会では、県内の「民話の会」から選ばれた語り部七名の語りがありました。その後、七つの部屋に分かれました。部屋毎に、田川民話の会員を中心に昔語りが予定され、その人たちの語り終えたあと、「飛び入り大歓迎」ということになりました。

真室川民話の会　おおいにハッスル（四名が語る）

各部屋ごとに分かれての参加です。「飛び入り大歓迎」ということもあって、真室川民話の会からは四名の語り部が語ってくれました。
＊渡部佐重さん「貧乏の神と福の神」
＊高橋シゲ子さん「茗荷（みょうが）と忘れもの」
＊柴田敏子さん「おひじり様の宿り木」
＊大沼美代さん「天狗と彦一の知恵比べ」

夜の交流会は　まさに　真室川が主役

夜の「交流会」では、事務局の梨本さんがしょっぱなに真室川音頭を披露し真室川民話の会の紹介をしたかとおもったら、庄内の語り部の唄った真室川音頭、新庄節に合わせて、市子さんを始めシゲ子さん、ケイ子さん、美代さん、敏子さんが踊りだし、さてはキミ子さんの仮装踊りが飛び出しました。会場がこの出し物で沸きに沸き、すごく楽しい交流会になりました。

幻想的な「ホタル狩り」も楽しいひとときでした。（観会）

「田川民話の会」から「真室川民話の会」と交流会をもちたいという話も出ました。

田川民話の会をはじめ宝谷地区のみなさん、庄内地区の実行委員の皆さんに感謝いたします。
１０日の「湯煙り昔がたり」ありがとうございました。
撫引町から直行で「梅里苑」に行き、むがしがたりをしました。

やまがた民話の会協議会の記事

真室川に学び、語り継ぐ

井上幸弘

私と真室川との出会いは、一九九一年八月「民話と文学の会」による採訪でした。杉浦邦子さんから誘われて参加しました。真室川町の関沢荘に宿泊し、班に分かれて話を聞きに行きました。その時まとめたものが『民話と文学』第二三号「最上・真室川の伝承」（一九九二年）に掲載されました。安楽城地区以上沢の山田茂代さんから聞いた「山梨もぎ（奈良梨採り）」です。

真室川との出会い

あるところに爺さまと婆さまと太郎と次郎と三郎がいた。爺さまが「山梨を食いたい」というと、太郎が取りに出かけていく。途中一つ目がいて山梨のある場所を尋ねる。山梨の木を見つけ太郎はそれを取って食っているうちに暗くなり、山梨の木で寝てしまう。そこに「ミリワリ、ミリワリ、ミリワリ、ドッカーン。」とうなり声をあげ、「俺の山梨をとるのは誰だ。」と化け物が出てきて太郎を飲み込んでしまう。

太郎が帰って来ないので今度は次郎が出かけていくが、やはり化け物に飲み込まれてしまう。太郎も次郎も帰って来ないので、三郎が鉈を腰に付けて出かけていく。途中で一つ目がいて山梨のあるところを尋ね、山梨の木を見つける。三郎も、山梨を取っては食い取っては食いしているうちに暗くなり、山梨の木で寝ていると化け物が出てきて三郎を飲み込もうとする。そこで鉈をだして太郎と次郎を出さないと手をもぐぞ、というと左の鼻からは太郎を出し、右の鼻からは次郎を吐き出す。太郎と次郎と三郎は山梨をたくさんもって帰りみんなで食った。

初めての採訪で聞いた話で、山田茂代さんの語る「ミリワリ、ミリワリ、ミリワリ、ドッカーン。」という言葉の繰り返しを今でも鮮明に覚えています。『真室川町の昔話 Ⅲ』（真室川町教育委員会、一九九二年）にも茂代さんの話が収録されております。「民話と文学の会」による採訪の時に語ったものと比較してみると、化け物が太郎を飲み込むところと、三郎が化け物を退治する場面が詳しく語られ、話が豊かなものになっています。

一九九一年の採訪後は何回か真室川に足を運びました。平枝地区にあるふるさと伝承館に「番楽」を見に出かけました。初めて番楽を見ましたが、その迫力に圧倒されました。山伏たちが番楽に込めた熱い思いを垣間見たようでした。そのとき大友義助先生が来ており、熱心にノートにメモされておりました。一九九一年の採訪の時にお話を聞かせていただいたた高橋シゲ子さんが、地元の方たちといろいろとお世話をしてくださいました。

ところで、私は山形市立図書館に一九七九年勤務して初めて「とんと昔」に出会い、昔話を語るようになりました。そして、一九八六年語りのグループ「ききみみの会」を結成して、現在に至っております。「ききみみの会」では、二月になるとお話忘年会を行います。日頃外国のお話を語っている人でも、年に一度は地元の語りに取り組みます。会員が山形の方言で語るわけです。

これまで仲間が語ってきた話を振り返ってみると、新庄・最上の話が多いのです。特に真室川の語り手、柴田敏子さんの話がよく語られます。語り手が誰かなどは気にしないで、語りたいと思う話を書籍から覚えて語るのですが、この話を語りたいと思ったら柴田さんの話だったのです。「きづね昔」「小鼓と子ぎつね」「蛇王からもらった壺」「うさぎといたちの寄合い田」「行者森の仙人」「水蕗バッケ」。渡部豊子さんがまとめられた『十二の長嶺の昔』（二〇〇四年）は大事な語りのテキストです。

民話と文学の会では、一九九一年真室川町の採訪のあと、私が住む朝日町の調査に入りました。これまで昔話の調査がなされていなかった朝日町でした。その成果は『民話と文学』第二五号「山形・朝日町の伝承」（一九九三年）にまとめられましたが、多くの話は聞くことはできませんでした。

しかしながら、その後朝日町人材養成事業「あさひまちF二一」教育文化プロジェクトBグループ（のちに「民話と昔話」グループに改称）がたちあがり、あらたに町内の語り手を探してお話を聞かせていただきました。『朝日町の昔話集』として第一集（一九九三年）から第四集（二〇〇〇年）まで出すことができました。さらにこの昔話集をもとに「朝日町昔語りの会　つむぎ」によって『朝日町の昔ばなす』（二〇一〇年）が作成され、朝日町の昔語りのテキストとなり、中学生がこの中から学校の文化祭で語り、また町民の前でも語りを披露しています。これらのことは、全て一九九一年真室川町での採訪を体験したことから始まったと言っても過言でありません。

新田小太郎さんを語り継ぐ

現在私は「ＮＰＯ法人全日本語りネットワーク」の理事長をしております。二年に一度「全日本語りの祭り」を開催してきました。一九九二年埼玉県秩父市で第一回を行い、二〇二〇年一五回目は石川県加賀市での開催となります（「語りの祭り」は新型コロナウイルス感染拡大のため二〇二一年に延期となりました）。全国各地から三〇〇人ほどの人が、語る喜びと聞く楽しみを求めて集まってきます。二泊三日さまざまな語りに触れ、交流をしています（昨年一四回は那須高原　野村敬子講演）。

語りネットワークの事業として、語りの祭りのほかに「テラブレーション平和の語り」を行っています。

テラブレーションとはTelling（語り）とCelebration（祝典）をつなぎ合わせてTELLABRATION。これは提唱者のJ・G・パウパウ・ピンカートン氏が考え出した造語です。全日本語りネットワークでは、お話を通して、愛と平和と友情の輪を世界中に広げていくため、一一月に各地でテラブレーション（語りのつどい）を開催することを呼びかけています。

これまで私は山形のとんと昔を語ってきました。南三陸町で行われた語りの小祭り「テラブレーション平和の語り　二〇一七」では「すみれ島」（今西祐行／文）も語りました。その後『やまがた絆語り』（井上幸弘・野村敬子／編著、星の環会、二〇〇六年）にある新田小太郎さんの「ジャングルの語り」を語ることができないかと考えました。

新田小太郎さんとは、一九九一年の真室川採訪の時初めてお会いしました。昔語りをお聞きしたほか、ニューギニア戦線から生きて帰ってきたこと、死んでいく兵士に昔語りをしたこと、今義孝さんが伝令でジャングルの中を進んでいったとき、お婆さんから聞いた「うば捨て山」を思い出して、道すがら木の幹に刃物で印を付けて行って無事に生還した話なども聞きました。

さて、「ジャングルの語り」の中から何を語るか。私は「シャシャムシャヤ」を語ろうとしました。

祭りでにぎわっている筈の村がシーンとしている。山伏が村の人に聞くと、化け物が出るようになり、一年に一度若い娘を人年貢に出すという。山伏は化け物を退治に出かける。夜中化け物が現われ、糸のようなものをからめてきたので、山伏は「シャシャムシャヤ　シャシャムシャヤ　ムシャシャヤノナガノシャシャムシャヤ　ナリヒシャノ　オンペノコ　タドガシテタモレ」という呪文を三回唱え、からんだ糸をほどき化け物を退治した。化け物の正体はクモであった。

「シャシャムシャヤ」は『やまがた絆語り』のほか三話見つかりました。『民話と文学』二三号「最上・真室川の伝承」（一九九二年）。『真室川町の昔話 V』（真室川町教育委員会、一九九三年）。『新庄・最上の昔話』（新庄民話の会、二〇〇九年）。四つの話を参考にしながら、「シャシャムシャヤ」は出来上がりました。

この語りの前に新田さんの紹介をいれました。参考にしたのが『語りの廻廊』（野村敬子／著 瑞木書房、二〇〇八年）「ますらたけおの昔話―ジャングルの語り手新田小太郎さん」と、『大地に刻みたい五人の証言』（渡部豊子／編、私家版、二〇一〇年）「ニューギニアの戦争」（新田小太郎）でした。

二〇一八年テラブレーション平和の語りで語った後、またこの話に手をいれました。二〇一九年「野村純一・野村敬子先生のどんぺからんこ　生き続ける昔話展」並びに「令和むかし話ワールド」に集まった野村敬子さんはじめ、ほかの人にも真室川梅里苑で聞いていただき、南三陸町で行われた「テラブレーション平和の語り　二〇一九」で語りました。

「シャシャムシャヤ」を語る筆者

山形県真室川町生まれの新田小太郎さん。アジア・太平洋戦争で招集され、中国から南方戦線のニューギニアに転戦したのは、昭和一八年一二月のことでした。新田さんが所属した第三六師団は、青森・秋田・山形・岩手四県の出身者からなる部隊で、通称雪部隊といいました。雪国生まれの兵士たちは赤道直下の地で、戦闘のほか病気や飢えと戦って死んでいったのでした。

ニューギニアの戦地では、新田さんはマラリアや赤痢で臥せる兵士たちの看病をしていました。薬もなければ食べものも無いジャングルの中で、次々と仲間が死んでいきました。アメリカの軍艦からの艦砲射撃が、昼となく夜となく聞こえています。夜は明かりをつけると見つかるので火もつけることができません。真っ暗闇の恐怖の中で気が狂ってしまう人もいました。声もたてないで死んでいく姿に耐えられなくて、岩手の小鳥さんが「昔話でも語んべや」と言い出しました。新田さんは闇の中で明かりを見る思いがしました。

毎晩二人、三人ど死んでいぐなよ。ほうすっと穴掘って埋め、夜になっと昔話語りすんなよ。部隊は東北の人がたばかりで、故郷《くに》の言葉で語った。

ニューギニアのジャングルでは、何が言わねば命の灯が消えでしまう恐怖の中で、次から次と昔話を語ったのよ。

〈この紹介のあと、「シャシャムシャヤ」を語る〉

新田さんの「ジャングルの語り」は、「シャシャムシャヤ」のほかに、食べ物・水の話を加え、今後語り継いでいきたいと思います。

昔語りと悪ガキ

佐藤準一

私の母は息子の自慢話が趣味である。初対面の人には必ず病的に自慢する。子供の頃、学級委員に選ばれたり、賞状を貰ったりすると、床の間の神様にご神酒を供え、灯明を点し、長時間真剣に手を合わせている母の姿を鮮明に記憶している。そんな母を見て、母にとっては私は育てやすい素直なよい子と、今までは何の疑いもなく思っていた。

近年、我が家の古い農家のたたずまいと生前の祖父の昔話の取材に来たことで、野村敬子先生と交流が出来た。近年我が家の囲炉裏を囲んでいろいろな昔語りが語られた。祖父は私を可愛がり「湯たんぽ代わり」と毎日抱っこして寝ていたが、昔語りを聞いた覚えがない。すぐに眠ってしまったのかもしれない。正月や「よてな（田植えを終えた祝宴）」等、囲炉裏を囲んで大勢の人と聞いたことだけが記憶にある。敬子先生にいくら勧められても、昔語りの世界に入るのは躊躇《ちゅうちょ》していた。あまりにも生活様式が変わり、当時のことは記憶からすっかり消えていたのだ。

「東京人は心躍らせ媼《おうな》らの語りを聞かむと山越えてくる」

昔語りの趣味を持った人が沢山いる、とそんな冷めた気持ちだった。

令和元年十一月、地元の功労者の野村先生夫妻の業績を讃えて、「どんぺからんこ」の昔語りのイベントが行われた。野村夫妻の著書の講演、昔語り、専門的な内容だった。不思議によく理解できた。百五十名程の全国からの参加者があり、里芋汁も振る舞われ盛大に終わった。

展示会の後片付けを手伝った。その中には日本初のテープレコーダーで録音された昔語りがあった。驚く程鮮明な音声だ。又再訪ノートもコンテナ一個分もあった。昭和三十年代の祖父の取材記録もあった。内容は基本的なあらすじであるが、当時の祖父は聞き手を喜ばせようと誇張した。奇想天外の長い面白い話が多かったように思う。それらの記録に祖父の得意げな顔が昨日のように瞼に浮かんだ。このまま資料館の倉庫に眠らせてはもったいないとデジタル化を申し出たら快く許してくれた。

デジタル化の為に、一ページ、一ページと捲《めく》っていくと、野村純一先生の人柄と語り手の心からの温かい交流が伝わり、当時の古き良き時代の生活様式が目に浮かんだ。また、私には今の人格とは全く違う、ベルリンの壁の向こう側の様な凝り固まった幼児期の記憶が蘇った。

猛吹雪の日に「はてこ（新雪）」に放り投げられすっぽり埋まり、雲の流れを見たこと、そのまま雪に埋まったこと。くるみボタンの「よそ行きの服」を着せられ、「がま口」を首に提げられて、「サーカスに売ってやる」と駅まで腕を引かれたこと。火箸で殴られ、いつも頭に二本の筋のこぶが出来ていたこと。今でもその傷跡が残っている。これだけの折檻《せっかん》を受けたので、大人では想像も出来ない悪さを毎日やっていたのだろう。採訪ノートを捲るごとに、封印された幼児期の箱の鍵が開いた。

正月、お盆などの母の実家に行けば、母は農家に嫁いで苦労しているので、一週間でも十日でも死んだように帰るまで寝るだけだった。

私はお客さんなので、誰の指図も受けず、勝手気ままに振る舞った。私の周りに沢山の悪ガキの子供達が集まった。相撲などを取らされた。終戦後なので米と交換したのか、子供用の立派な軍服を着ていた。つかむところがなくて投げるのが大変だった。痩せてはいたが誰にも負けなかった。

使用人も沢山おり、箱膳で食事をしていた。四十人はいたと思う。風呂は五右衛門風呂で、入り方がわからずに、私が虫の居所が悪かったのか、そばにあった籠一杯の源五郎を入れた。若い女の使用人もいたので、家中大騒ぎになった。家鴨《あひる》を追って泥田をこいだり、仲間も私と悪さをやれば怒られなかった。母の家では私が来るたび頭を痛めたことと思う。

ある日大きな池の見渡せる板敷きの部屋に、白髪交じりの髪をきれいに結ったおばあさんが座っていた。その前に私が座らせられた。私にいつも言われるのは、

「おまえは、うさうさうさぎ（兎）、ひとえもだまってえれね（一時も黙っていられない）」

この言葉が私に対する挨拶代わりの言葉だ。

おばあさんの前でもよほど態度が悪かったのか、母を呼んだ。

「みゆき（母）、おまえ、とんでもねえ、鬼っ子息子持ったな、こげた（こんな）子供育てでえげっか（育てでゆけるか）」

父は優等生で喧嘩などしたことはないと思う。母は大家族で控えめで自分の意見など言ったことなどなかったと思う。誰の言うことも聞かず自分の言い分だけを通す私は、臍《へそ》を曲げれば、大人では考えられない全力で悪さをする。手を焼いた父が私を祖父に預けたのかもしれない。そのおばあさんはそんな「火中の栗」の私を拾った。

私が母の実家に行く度、必ずそのおばあさんと会うようになった。髪に大きな綺麗な櫛を挿していた。子供心にも美しかったのか、聞くと鼈甲の櫛と言った。亀の甲羅で作ったと言った。そんな大きな亀はいないと子供心に臍を曲げた。体は小さいが、近づきがたい威厳があった。「千夜一夜」のように行く度次々と話は尽きず沢山の昔話を聞いた。今の私の人格を作ったのがそのときの昔語りと思う。みゆきでは手に負えないと、昔かたりを通して人倫の道を私に厳しく説いてくれたと思う。

小学校三年生にもなると、学級委員に選ばれるようになった。そんな私に安堵したのか、そのときの母

の真剣な神頼みする姿が私の記憶に残ったのだろう。

そのおばあさんの実家の人が野村敬子先生と親交のある昔語りの達人である。百歳近くになっても二百も語れるおばあさんである。その昔話を聞く機会は幾度もあったが、私との関わりなどないと思い聞き逃した。「ホトトギスの姉妹」「馬鹿婿」、もう一度聞いてみたい。そのおばあさんと出会わなかったら、私の人生もすさんだ反社会的な人間になったかもしれない。このように平穏な人生ではなかったと思う。そのおばあさんの昔語りで天邪鬼《あまのじゃく》の私が人間らしくなった。今は本当に感謝する。

忌まわしい封じ込めた幼い時の記憶であったが、野村先生の採訪ノートに掛けた情熱が私の記憶を呼び覚ました。日本の伝統芸能の能のようにただの芸能ではなく、昔語りは日本人の基本的な教養・人格形成に大きな役目を果たしてきた思想が含まれる。

私は先人達の子供達に対する深い愛情と郷土愛をくみ取り、昔語りを聞き、そして語っていきたい。日本人は昔語りの心を失ってはいけない。私たちはこの貴重な先人の知恵を受け継いでゆかねばならない。

六十年の文字くっきりと記録せり学者のノートは堅牢なりき
日本初のテープレコーダーに記録せり今いるごとき鮮明なり
探訪のページ捲れば嫗らとの親交の深さ直《じか》に伝はる
語り部と教授の絆その深さ一度や二度の訪問でなき
野村氏の「ドンペカランコ」のイベントが街の誇りと盛大に集う
野村夫妻《のむらしの》の昔語りの情熱は六十年の足跡のあり
探訪の八十冊のノートには半世紀前の祖父の記録も

野村敬子さんと私

一生の出会い

庄司明淑

私は平成元年に山形県最上郡戸沢村に嫁いだ。韓国のソウル市で生まれ育った私の、日本の田舎生活が始まった。厳しい都会の生活の疲れもあり、経済成長した日本への憧れに幾らか希望を持ち、行ってみて頑張れば何とかなると思った。しかし、実際の田舎の暮らしはうるさくて難しい所だった。

周りの人達は皆ではないが、初めて見た韓国人の嫁を心良く受け入れることはなく、僻《ひが》みだろうか、あることないこと噂話を広げていくばかりであった。田舎の封建的な考えと閉鎖的な地域性に唖然として言葉を失うことがあった。どうしてこんな所に騙されて来たかと自分に問いながら、ため息を数えられないほどついた。更に母国から嫁いだ人達の嫉妬には呆れてうんざりだった。恥ずかしいことであるが、精神的にノイローゼになるところであった。

その中で、夫は元々無口で考え深い善良な人柄だったので、そのお陰様で私は我慢強く頑張って生きていこうと決めた。こんなことで負けるわけにはいかないと、自分を癒しながら毎日日本語の独学に励んだ。それは、換言すると自分との闘いだった。

実家の両親が日本の植民地時代に生まれて教育を受けたので、いろんなことを聞いて育った。両親の身内も植民地時代に何人か日本に留学に来ていた。周りの影響もあったが、それとは全く関係無く、韓国で日本語を幾らか習ったことや漢字が分かることは勉強に大変助けになった。周りの誰が何を言っても気にせず耳を塞いで、とにかく日本語を勉強して、ここではなくもう少し広い所に出て、日本の良さを学んで身に付けようとしていた。私は元々商人で社交的な面もあり、山形県の野菜でキムチを作って広めるなど社会活動に積極的に参加した。ますます忙しくなって寝る時間が足りないほどであった。

ちょうどその時、役場からイベントに参加してくれないかと依頼があった。イベントのテーマは「集まれ、アジアの女性たちよ！」であった。内容は母国の昔話を語るということだった。引き受けた私は、いろいろと考えてみたが、なかなか思い出さなかった。やっと小学校四年生の国語の教科書に載っていた昔話を思い出した。一晩中、分からない言葉を辞書から探し日本語に翻訳した。次の日、会場に行くと、フィリピン人のお嫁さん達が沢山来ていた。韓国人は私一人だった。自分の出番が来たので、勇気を出して翻訳した紙を読み続けた。会場に来てる人達に語りの意味が伝わったかどうかも自分では分からなかった。イベントが終わり、ある人に紹介された。

紹介された方が野村敬子先生だった。案内してくれた方が須藤敏枝さんだった。その後、先生から連絡があり、真室川の伝承館で会った。その時、日本が韓国に侵略したことを一人の日本人として謝罪してくださった。びっくりしながら心から感動して有難く尊敬するようになった。

先生が真室川に来ると伝承館に会いに行き、地元の方々の語りを聞いた。でも、方言なので、聞いても何を語っているかさっぱり分からなかった。それでも、先生が来ると実家の母親が来るような感じで嬉しかった。私はそのくらい寂しかったのだ。日本の田舎に来て自分の心を打ち明けるところがなく、自分の胸に抑えていたので、会いに行くだけでも明るくなった気がしたのだ。

会った次の年に先生から絵本を出したいので、韓国の昔話を語ってくれないかとの依頼があった。私は里帰りの間に本屋に行き、昔話の本を多めに買い上げ、日本に持ち帰って読み始めた。子供の頃読んだり聞いたりした話だった。振り返ってみると、中学生の時、授業が終ると図書室で読書に夢中になり、家に帰るのが遅くなって、実家の母から何回も叱られたこともあった。とくに歴史、世界史が好きだった。そういうことで昔話に興味があったのかもしれない。

それから須藤さんに会い、指導を受け、須藤さん、山科さんの自宅に通い、二人に手伝ってもらった。須藤さんは私の話をテープに入れた。まだ日本語で語りを十分に表現するのが足りなかったので、辞書を持ち歩き、意味を言いながら二人の協力で録音した。

最初は絵本を作る予定だったが、語りが多くて簡単な絵本にするのはもったいないと、語ったものを全て載せてくれた。レベルが高くなったようだ。先生は本の挿絵を他の人に依頼しようとした。そこで自分は子供の頃、絵を描いたことを言い、スケッチを描いて先生に送った。先生はいろいろと検討した結果、やっぱり韓国人だけの雰囲気を出すとのことで、自分が絵を描くことになった。私としては二十四年ぶりであった。まさか日本に嫁いで絵を描くことになるとは考えもしなかったので、心から嬉しくて一生懸命描いた。やっと出来た本が『明淑さんのむかしむかし』だった。私にとっては画期的なこと

庄司明淑さん作製の紙芝居「とらとほしがき」
夜語り交流会にて

である。先生が語り本を出版してくださったのは、私の人生の中に残る一生のお土産であった。その恩は決して忘れられない宝物だ。私にここで生き返る機会を与えてくれたことに違いない。

その後、先生の勧めで紙芝居の絵を描いた。久しぶりに心の喜びと寂しさを埋めてくれた。須藤さんから指導を受け、頑張って絵を描き、語りも作った。始めは語りを書きとめてもらったが、綺麗にしたくてパソコンを習い文字を打った。まず、自分の為の作品だ。人の前で語れるように練習を重ねた。周りの方々が勉強できるように、私に希望と機会を与えてくれた。先生は、企画を立てると東京からいろんな方々と共に私の家に泊り、韓国料理を紹介する機会を与えてくれた。お陰でいろんな方々との出会いを作り、面識が広がるようになった。

野村先生と出会って二十八年の歳月が経った。日本の母親だったと思い、気にかかることがあれば相談をかける。私のことを心配して気にかけてくださるので、恩人で心の頼りである東京の母である。人間として付き合い、尊敬し、助け合い、育てあげる志が何よりだ。

田舎に嫁いで不満もあったが、知識のある方々に恵まれて生きてきたことを誇りに思っている。振り返ってみると、辛いことや悔しいことがあったが、助けてくれたこと、励ましてくれたこと、育ててくれたことを忘れずに、これから残りの人生で悔いがないような生き方を続けたいと思う。私も高齢者になり、やりたいことを少しずつしようと思っている。昨年亡くなった夫の介護で心身ともに疲れがまだ溜まっているが、後回しにしていたことに少しずつ挑戦しようと思って始めている。嫁いで三十一年の間、野村先生や佐藤理峰先生、遠田且子先生、地域の方々に面倒見て頂き応援してくださった恵みに心から感謝申し上げます。

野村敬子さんとの出会い

伊藤正三

昨年の正月が過ぎたころ、静岡に住む義妹から電話が入った。「お兄さん、野村敬子さんという方分かる。」と云うことでした。予期しない問に、どういう事かと思いながらよくよく聞いてみると、次のような内容であった。

義妹が一ヶ月に一回通院している主治医の方から、一冊の本を勧められて読むことになった。その本のタイトルが『老いの輝き』という野村敬子さんと杉浦邦子さんの本であった。主治医の方は、義妹が真室川町出身と知っていてこの本を勧めたとのことでした。

「そういう事か」と頷き、私のわかる範囲で野村敬子さんについて話をした。実家が近岡商店であること（家から徒歩三分くらい）、仙台に住む兄の同級生で、真室川の昔ばなしを採集して本を出していることなどを話しました。

本を勧めた医師は、九十代の方で、半日診察しているとのことで、新聞広告で『老いの輝き』を知り、取り寄せたとのことでした。

義妹は忙しい中で読んでしまったので、詳しく内容を把握できなかったというが、鷹匠沓澤老の話は、自分が真室川に居た頃で（義妹は真室川を離れて五十年になる）懐かしく思ったことや、お年寄りの方々が元気に一生懸命昔ばなしに取り組み、語っている姿に感銘を受けたという。

本を勧めた医師に、本を返す折には一頻り真室川話に花を咲かせたに違いない。

私が、野村敬子さんと初めて会ったのは二十数年前、新庄で開催された「みちのく民話まつり」の会場であった。泉田にある「重文矢作家」がメーン会場で、新庄出身の俳優、庄司永健さんが出席していた。永健さんは土地の言葉で語る「新庄のむかし話」のカセットテープを出していた。私はそのテープを買って子供たちに聴かせていたことを、竹酒を飲みながら永健さんと話していた。傍にいた一人のご婦人と何気なく話していると、「私も真室川出身よ」と語ってくれました。よく伺うと、家の近くの近岡商店が実家で、しかも義兄と同級生とのことでした。この時が野村敬子さんとの出会いでした。

その時は、民話、昔ばなしの研究をなさっていることは知らず、後で、真室川の昔ばなしの本を出していることを知りました。

その後しばらくして、野村さんが梅里苑に泊られた折、二、三回挨拶を交わした程度でした。しかし、歴史研究会で一緒に活動している松田洋子さんが、野村さんのお姉さんと知り、その関係でいろんな活動をなさっていることを知りました。

また、昨年は出会いの場が多く、いろんな話を伺う事ができました。

義妹から質問されたことに対して、十分説明できたことは、野村敬子さんに出会えたからです。野村さんからは「真室川に住んでいて、もっと真室川を大事にしなさいね」と教えられた気がします。

庄司アイさんとの出会い

松田三智郎

人との出会いというものは不思議だ。想像をはるかに越える偶然が働くものに思われる。ある日、私達夫婦はいつものように秋山公園への散歩に出かけた。私は埼玉県で会社経営の仕事をしていたが、病気で倒れて療養のため故郷の真室川町に帰り、現在に至っている。真室川町の人びとは散歩をすることが無いらしく、夫婦で歩いているのは私たちくらいのものだ。秋山公園に登る道端で、二人腰掛けて休んでいると、真室川ではお見受けしないご婦人二人が公園に入って来られた。「いい処ですね」と笑顔で挨拶されたので、「何方から」とお尋ねする。「仙台の方から来ました。真室川はいい処ですね」と、またおっしゃった。妻の洋子と「ゆっくりご覧になって下さい」と言葉を交わして、私たちは自宅へ戻ったのであった。思えば真室川をあのようにいい処と言われる方に私たちは逢ったことがないのであった。

松田夫妻

野村敬子は妻洋子の妹である。昔話展示のために来る折々、いつも当方に泊っている。その妹が宮城県亘理郡山元町民話イベントから真室川に立寄ったことがあった。「やまもと民話の会・庄司会長さんが真室川においでになったそうよ。老夫婦とお話ししたそうよ。資料館の窓口で『野村さんの姉さんに会って行ったら』と勧めて下さったけ

「夜語り交流会」で松田夫妻・姉近岡禮子（右）

れど、遠慮したとのこと」。

　あのご婦人方が山元の方々であったと思った。野村はその偶然に感動して、早速庄司会長さんに電話。姉洋子も代って、長い長い話をしたものであった。

　展示会のイベントで、あの時のご婦人方とお会いし、言葉を交し、帰路ちょっと当方にお立ち寄り頂いた。本当に、お茶一服の時間であったが、民話が結ぶ忘れがたい出会いであった。

　山元町は東北大震災と津波に遭われた。多くの風土は再生工事が進んでいる。全てが新しい。真室川の街並みを歩き、古々しい商店街、メイン通りは家がなく、枯れススキが揺れている。その苦渋の跡さえも町の生きた記憶であり、人々の生存の記憶が現在と連動する。津波がさらった跡地には決して見られない様子という。「いい処ですね」の本当の意味は、津波で一瞬にして失った多くの歴史時間を、真実知る方なればの感慨があったと、私は、感じとった次第であった。

　それにしても、出会いとは何と不思議なものだろう。

語り

新田小太郎さんから聞いた戦場での昔話

渡部豊子

急に引っ張り出されて、何語ったらいいか、あまりよくわからないんですけれども、戦争と昔話ということで、「新田小太郎さんのことを少し話してください」と石井正己先生から言われました。新田小太郎さんのことを知っている人も多いと思いますけども、野村敬子先生と同じ真室川町の方なんです。お爺ちゃんで、歴史も詳しいし、昔話もいっぱい覚えてて、そして戦争体験もした人で、聞けば何でも教えてくれる人でした。病気になって、亡くなってしまいましたけれども、本当に皆さんに会わせたい人でした。

戦争の話は一日や二日で聞けるものではありませんので、ずいぶんかかって聞いたんですけども、まず、私が一番心に残ったのは、「戦争中だって、昔話語ったんだ」っていうことだったんです。四〇人ぐらいの隊だったんだそうですけども、食べるものも、もう何にもない。薬もない。ニューギニアのジャングルの中に隠れてるもんだから、火を焚けば煙が上がって、相手から爆弾を落とされるので、火も焚けない。「草だって、蛇だって、生き物は全部食べた」って。

それで、病気の人は木の下に、今だったらナイロンみたいないろいろあるんだけど、昔、何て言ったんだっけか、帆布みたいなものや、あるもの何でも敷いて、そこに寝かせてたんだって。そうするともう、飯盒に汚物をさせて、それを棄てて、海の水で洗って、今度はその飯盒で御飯やある物炊いて食べたりするもんだから、マラリアだの赤痢だの、いろんな病気になって、戦争の傷よりも、そういう病気で動けなくなった人が多い、ということでした。

それで、朝になると、毎日一人か二人、亡くなっているんだって。夜中になると、両親のいない、お姉さんに育てられた人は、「姉さん、姉さん」って一晩中言ってるし、お母さんのいる人は母親を呼んで、毎晩毎晩、苦しんでいる。そのときに、岩手県出身の人が急に、「あっ、昔話だ」って言ったんだって。そしたら新田さんが、「それだ！」って言うと、その日から昔語り始めたんだって。夜中に、みんな病気で苦しくて眠れないでいるので、昔話を語ってやったそうです。みんな病気で死んでいくんだけども、それまでほんとに苦しんだ顔して亡くなったんだけれども、昔話聞かせるようになってからは、穏やかぁな死に顔だったって。「それだけは良いことしたと思ってる」って、言ってました。

昔話も、食べる物ないから、食べ物の話をみんな一番喜んだそうです。餅の話、ぼた餅の話、それから豆コの話とか、とにかく食べ物の出てくる昔話。餅の話すれば、みんな、「ドン！ドン！」って餅搗いた様子、ふるさとの家の様子思い浮かべ、温かい餅を猿とびっきと取り合いしたなば、「アツアツ！」って言いながら、つまづって（ちぎって）食ったっていうところは、もう自分が食べているとおんなじ気持ちになっているから、おんなじ昔話を子供のようにいつもせがんだっていう話でした。

じゃあ、喜んで戦場で聞いてくれた「ぼた餅びっき」を、ひとつ語りますな。山形の方では、蛙のことをびっきって言うんです。

ぼた餅びっき

むかーし昔、あったけど。昔、ある所さ、根性の良ぐねぇ姑婆さまいたけど。ある朝ま早く、涼しいうぢ、町さ、用足し行って来たえんだわなぁと思って、町さ行く用意、着物着て、もんぺ着ていだでば、隣の婆さが、

「婆、婆、いだか。おはよう」

って、言って来たけど。

「婆、早ぇごど、何だや」

「いや、町さよ、用足し行ぐかど思ってよ」

「ほう」

って。

「何、重箱なの、たがって（持って）」

て聞いたでば、

「今朝な、ぼだ餅ついだどごよ」

って、

「ほれ、食《か》しぇてって、持ってきたぁ」

って言ったでば、

「あらぁ、んだが、んだが。んだら、あどで重箱やっさげ、もらってでいいがぁ」

って言ったでば、

「ええ、ええ。んだば、町さ行って来んだななぁ」

って、帰って行ったど。

　こんだ、ほら、姑婆、重箱の蓋開げだでば、餡《あん》こでらぁっと、たっぷりどついで、んめぇそんたぼだ餅どっさりと入ったけど。ほうっと、嫁コちゃ、食《か》しぇってぐねくてな、どげしたらええべなあ（どうしたらいいだろうなあ）って考えで、今度、戸棚さ入れで、

「ぼだ餅、ぼだ餅。いいが、嫁コで見つけられんなよ。嫁コで見つけらったどき、びっきなれよ。わがったべ。いいが」

って言うと、重箱の蓋トントンて叩いて、戸棚の戸をバッツンて閉《た》でで、

「どれ、町さ行って来っか」

って、出がけで行ったど。

　それを今度、嫁コ、戸の陰がらだまって見ったど。ほしてな、婆、いっくれ行ったなって思うころ、戸棚の戸開けて、重箱出して、

「んめぇちゃ、んめぇちゃ。んめぇごど、おれえ家《え》のががつぁ（姑）こげあまこぐ（こんなに甘く）なのして、食《か》しぇね。あいやぁ、んめぇごど」

って、ぺろっと食ったど。

　ほうすっと、裏の苗代さ行って、びっき摑《しぇ》め始めだど。一生懸命びっきしめて来て、重箱さ入って、パタンと蓋して、今度な、戸棚の中さ入って、田んぼさ働きに行ったど。

　ほっと、婆、町から帰って来たべゃ。

「ああ、暑かった。暑かった。ああ、暑いっちゃ、

暑いっちゃ、暑いっちゃ」

って。

「どれ、んでも、おれぁ、楽しみ一づある」

って言うどよ、戸棚の戸開げで、重箱出して、どれ、食うがと思って、蓋開げだでば、びっきゃ、ぴょこぴょこぴょこぴょこ、ぴょんぴょんぴょんって、座敷内飛び回ったど。したでば、

「ぼだ餅、おれだで。びっきでねぐ、おれのどぎ、ぼだ餅だべ。おれ来たでば、びっきでねぐ、ぼだ餅だで」

座敷内、びっきどご、追って歩いだけど。

どんべ　すかんこ　ねっけど。


（二〇一九年六月二九日、東京学芸大学にて）

参考文献

・野村純一監修、井上幸弘・野村敬子編『やまがた絆語り』星の環会、二〇〇六年

・渡部豊子編集『大地に刻みたい五人の証言～ひとりひとりの戦い、そして終戦～』私家版、二〇一〇年

資料

雀むがす

佐藤壽也

むがすあったけどな　むがすあっとごさ　雀ぁ一羽いだなだげど　ほの雀ぁまだ　卵三つなして　早ぐ雀こぁむえればええどて　あためったなだけどしたれば　山のあんこ猿ぁどごで聞ぎつけだおんだが　どごで嗅ぎつけだおんだが　おべで　来たなだけど

「雀どの　雀どの　いだが」

て言うど　雀ぁえさ　へぇて来て

「雀どの　雀どの　んつぁ卵三つ持ったつけぁおれっちゃ　一つでいいさげ　くってこっちゃ」

て言うなだけど　雀ぁまだ

「なんぼ　ほんたごど言わったたて　いだましくて　くれらんね」

て言たども　猿ぁ力強ぇおんだおん　むりむりど雀ぁどから取てえたなだけど　ほして外さ出はっつど　石こさ　かつんとぶつけで割てぺろんと飲でしまたなだけど　猿ぁ

「これぁんめぇおんだ　よし　えま一つもらてこねえんね」

て言うど　すぐまだ　雀ぁえさ入ぇてえたなだけど

「雀どの　雀どの　おれぁまだな　ほごの橋こ渡っどてよ　つまけぇりして　卵落どして割てしまたなよは　んださげ　も一つどうがくってくんねが」

て言うど　まだ　むりむりど　二つ目の卵も取てえたなだけど　外さ出はっつど　猿ぁこれも割て飲でしまたなだけどは　ほすっつどほれ　猿ぁ二つも卵飲でしまたおんだおの　味しこでしまたおんださげ

まだおしぐなたなだけど　すぐまだ雀ぁえさ入ぇてえたなだけど
「雀どの　雀どの　んつぁどからもらた卵でぇんじして持てえたがったども　まだほごの橋こ渡っとてよ　つまけぇりして　卵落どして割てしまたなよは　んださげ　なんじがま一つくってくんねが」
て言うど　三つ目の卵もむりむりど取て
「んつぁまだ　なせば　えんださげ」
て言うど　山さ　えてもまたけどは
卵三つも取らってしまた雀ぁ　がおてがおて
「ツリンコ　ツリンコ」
て泣ぇたなだけど　あんまり雀ぁ泣ぐおんださげ
遠ぐまで　聞けで　えたなだべちゃ
まず山がら　ころん　ころんて　栗ぁ来たなだけど　雀ぁえさくっつど　すぐ
「雀どの　雀どの　んっあ　さきだから　泣ったゆたども　何えぐねごど始またなだべどもて　あちこどして来たなだ　何ぁおぎだが　おれぁちぁ　語て聞がへで　くんねが」
てゆたば　雀ぁ泣ぎながら
「おれぁまだ　卵三つなして　あためったれば何じしておべだおんだが　山のあんこぁ来てよ　一つでえさげて　持てえて　橋こ渡っとて　落どして割たどて　も一つ持てえて　ほれも橋こ渡っとて割てしまたなだどは　ほして三つ目の卵も『んつぁまだ　なせば　えんださげ』てゆてみなもてえてしまたなおは　おれぁまだな　手ぼけぇになてしまてがおて　泣でったどごだなよは」
て語て聞がへだなだけど　ほれ聞ぐど　栗ぁごしぇで　ごしぇで
「何たら　やらしぐね猿だごど　ほんたえぐねおのどごだまておがんね　おれぁかだぎとてくれっさげな　泣がねで見でろよな」
てゆてくったなだけど
ほしたれば　ほごさ　ブーンて音たでで来たおのぁいだなだけど　誰ぁ来たなだと思たれば　ほれぁまだ蜂だなだけど　蜂もまだ雀ぁえさ入ぇてくっつどすぐ
「雀どの雀どの　んつぁさきだから泣ったゆたども　何えぐねごど始またなだべどもてあちこどして

来たなだ　何ぁおぎだが　おれちゃ語て聞がへでくんねが」
てゆたば
「おれぁまだ　卵三つなして　あためったどさ　山のあんこぁ来て　三つながら取てえてしまたなよは」
て　栗さ語たごど同じごど語て聞がへだなだけど
ほれ聞ぐど　蜂ぁごしぇでごしぇえで
「何たら　やらしぐね猿だごど　ほんたえぐねおのどごだまおがんね　おれぁかだきとてくれっさげな　泣がねで見でろよな」
てゆてくったなだけど
ほしたば　ほごさ　ビタラン　ビタランて音たで来たおのぁいだじぉん　誰ぁ来たなだべど思たれば　ほれぁまだ　べごのくそだけど　べごのくそも雀ぁえさ入ぇてくっつどすぐ
「雀どの　雀どの　んつぁさきだから泣ったゆたども　何えぐねごど始またなだべどもて　あちこどして来たなだ　何ぁおぎだが　おれちゃ語て聞がへでくんねが」
てゆたば
「おれぁまだ　卵三つなして　あためったどさ　山のあんこぁ来て　三つながら取てえてしまたなよは」
て　栗さ語たごど同じごど語て聞がへだなだけど
ほれ聞ぐど　べごのくそぁごしぇでごしぇで
「何たら　やらしぐね猿だごど　ほんたえぐねおのどご　だまておがんね　おれぁかだぎとてくれっさげな　泣がねで見でろよな」
てゆくったなだけど
ほしたば　ほごさ　ゴローン　ゴローンて音たで来たおのぁいだじぉん　誰ぁ来たなだべど思たれば　ほれぁまだ　大っきな臼だなだけど　臼も雀ぁえさ入ぇてくっつどすぐ
「雀どの　雀どの　んつぁさきだから泣ったゆたども　何えぐねごど始またなだべどもて　あちこどして来たなだ　何ぁおぎだが　おれちゃ語て聞がへでくんねが」
てゆたば　雀ぁ泣ぎながら
「おれぁまだ　卵三つなして　あためったれば

何じしておべだおんだが　山のあんこぁ来てよ　一つでえさげて　持てえて　橋こ渡っとて　落どして割たどて　も一つ持てえて　ほれも橋こ渡っとて割てしまたなだどは　ほして三つ目の卵も『んっあまだ　なせば　えんださげ』てゆてみな持てえてしまたなよは　おれぁまだな　手ぼけぇになてしまてがおて　泣でったどごだなよは」

て　語て聞がへだなだけど　ほれ聞ぐど臼ぁごしぇで　ごしぇで

「何たら　やらしぐね猿だごど　ほんたえぐねおのどご　だまておがんね　おれぁかだぎとてくれっさげな　泣がねで見でよろな」

て　ゆてくったなだけど

　ほして　こごさ皆そろたべ　栗ど　蜂ど　べごのくそど　臼ど　みんなして　考ぇだべや　ほすっつど　猿ぁまだ　雀どのぁきっど卵なすべどもて　まだ取りん来っさげ　ほんづき皆んなしてまぢでででやっけんべやてゆうごどんなたなだど

　先ず栗まだ　でぇんどごの　ゆるりの　あぐの中で　まぢでるごどにしたなだど

　蜂まだな　したみじゃの　水がめの後ろさいるごどんしたなだど

　べごのくそぁまだ　大戸の後ろ　馬屋の前の土間の上さ　べだらっと　のびで寝ったなだど

　ほして臼まだ　馬屋の前の　はりの上さ上がてまぢでるごどに　したなだど

　したば　山のあんこ猿ぁ来たなだけどや　雀どのぁまだ卵なした頃だどもて来たなだべや　猿ぁ入ぇて来っとすぐ　ゆるりんどさえたなだど

「ああ　寒み寒み　こゆづぎぁあだんな　ええおんだ」

て　ゆいながら　ゆるりの前さ　足ひろげでねまっつど　火ばして　がえがえど　おぎさらたなだどすっつど　あぐの中にいだな栗だべ　思いっきりばえんと　はねだなだどすっつど　ほどあぐどおきだべ　猿の腹ど面きかがたなだど

「あっ　あつあつ　こゆずぎぁ水でひやすなええおんだ」

て　ゆうど　みじゃさ　走てえたなだど　すっとほごさいだな蜂だべ　かめの後ろがら飛び出すど　猿

の面ぁじぐじぐと　さしたなだど猿ぁびっくりしだべや

「こゆづぎぁねげんな一番ええおんだ」て　さがで　みじゃの口から　にわさ　はねおりだなだど　大戸んどから　外さねげんべどて　馬屋の前で　べごのくそさ　あがたおんださげ　すてんとすべて　あふのげけぇてしまたけどは　すっつど上で見ったな　あの大っき臼だべ　どしんと　おってきて　猿どご　おせでしまたけど

とんぴん　かれぇん

※語り手の記した昔語りとして注目したい。句読点のない息づかいの聴こえるような表記である。

（野村記）

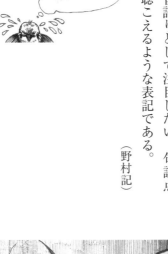

山形県最上郡は「鮭の大助譚」の宝庫

村田　弘

鮭の大助伝説（鮭の大助譚）とは鮭の王、王族、主《ぬし》または沼の主、鮭の精霊などを語るもので、北海道と青森、岩手、秋田、山形、新潟の各県に伝えられている。伝説のモチーフは共通するところもあるが、各地域の歴史、文化等を背景とするためか、多様な語りがみられる。例えば、北海道では石狩のアイヌの酋長が主人公として登場する。青森県の伝説では山に隠れ住む鬼が現れたり、沼の主として大きな鮭と大蛇が語られる。そして、その主の一つは大きなワシになり、鉄砲打ちの娘をさらい蝦夷《えぞ》（北海道）の国に飛び去って行くというストーリーである。また、大蛇は退治されるが、出雲の神話「八岐の大蛇退治」を連想させる。岩手県遠野市の伝説では鮭に乗って来て村を拓いたと語られ、また、猛鷲にさらわれて玄海灘まで連れていかれるが、鮭の大助に助けられ故郷に帰る事ができたという。山形県最上町にも似たような話がある、大鷲に佐渡ヶ島までさらわれ、鮭の大助の背中に乗せてもらい、「鮭の大助、今のぼる」と叫びながら最上川をのぼり帰ってくる。この叫び声を聞くとよくないことがおこると、「耳塞ぎ餅」といって餅つきや酒盛りをしてにぎやかにさわぐ（「梁掛け八右衛門と鮭の大助」）。野村純一氏が指摘するように、山形県最上町と岩手県遠野市にはほぼ似たような話が伝承されていたことになる。その背景として最上町の小国川に沿って羽黒山参詣の道筋があったことが挙げられる。

一方、野村敬子氏が採録された真室川町の「鮭の大助むかし（鮭の大助）」はシンプルな構成であるが人間と鮭の共生を示唆し、詩的である。不思議なことに鮭が上ってきて、「鮭の大助今下る、鮭の大助今下る」と叫んで川を下るのである。「鮭の大助今下る」という話は真室川町大沢や鮭川村川口にもみられる。山形県庄内地方の大助譚を調べると、赤川沿いの鶴岡市（旧朝日村）などでは鮭の精霊、出雲に赴く神々、大助や小助が「今下る」とか「今上る」という叫び声を発するという。叫び声を発するのは今まで捕えられた鮭の精霊すなわち死霊であると言うことに注目したい。この精霊は和人によって声を発する神格を賦与されたのだろう。ひるがえって考えてみると、アイヌの人々の霊魂観が参考になるように思う。藤村久和氏や山崎幸治氏によると、アイヌはすべてのものに霊魂が存在し不滅であるとする。それ自体見ることができないが、人間の前には肉体またはある形を伴って現れる。また、この世とあの世を往復すると考えた。藤村久和氏によると、アイヌは川を遡上する鮭などは自らの一生を全うして、あの世に向うために魚体は朽ちても霊は遡上を続けあの世に行くという。そして、死霊が再びあの世からこの世にもどって来て〝生〟を受ける時には、あの世に向った時の経路と逆の道を辿るという。すなわち川を下るのである。ここで言う鮭の死霊と庄内地方で語られる、今まで捕えられた鮭の精霊は同じものであろう。山形県の庄内地方だけでなく、最上郡真室川町、鮭川村の鮭の大助譚のベースにはアイヌと同じ霊魂観が存在すると考えられないだろうか。

新潟市の大助譚の構成要素は特異であるが、山形県最上郡に伝承される大助譚には、真室川町の「鮭の大助むかし（鮭の大助）」などのように、アイヌと同じ霊魂観をベースとしながらも神格を帯び、最上町の「梁掛け八右衛門と鮭の大助」のように、岩手県の伝承と類似した完結型の伝承もあり、大変興味深く貴重に思われる。

参考文献

・須藤克三・野村純一・佐藤義則『出羽の伝説』一九七六年三月十日、角川書店
・臼田甚五郎監修、野村敬子編『真室川の昔話　鮭の大助』一九八一年八月五日、桜楓社
・江上波夫・梅原猛・上山春平『アイヌと古代日本』一九八二年一二月二十日、小学館
・藤村久和『アイヌ、神々と生きる人々』一九八五年六月十五日、福武書店
・山崎幸治「アイヌの霊魂観」『古代世界の霊魂観』所収、二〇〇九年十二月一六日、勉誠出版
・村田弘『山の神・鮭の大助譚・茂吉』二〇一七年四月二十日、無明舎出版
・村田弘「記紀神話とアイヌの要素を持つ鮭の伝説—青森県八戸地方の事例—」『山形民俗』第三一号、二〇一八年三月三十一日、山形県民俗研究協議会

佐藤義則研究会の発足を巡って
―野村純一と佐藤義則の邂逅と偏差―

芦原敏夫

私が野村純一氏に手紙を出したのは、平成十三年（二〇〇一）の秋であった。〈佐藤義則〉昭和九年（一九三四）〜昭和五十四年（一九七九）の再評価に関して氏の意見を伺いたかったのである。氏は「義則の再評価は最上地方の人たちが行うべきです」との意見であった。当時（今でもそうだが）山形でもすっかり忘れ去られ、最上町の図書室に専用のコーナーも無く、ひっそりと並べられていた数冊のガリ版印刷の藁半紙綴じが唯一の資料であった。

当時、最上町役場に勤務していたエミ子夫人に調査したい意向を伝え、いただいたのが『地下水』二十六号と『場』八号の追悼号であった。しかし、義則宅の書斎に直に入室し調査するまでには至らなかったのは緒事情があったからで、併行して私なりの最上地方の民俗、埋もれた人物の記録や調査等を行いつつ、暫くは県内の各地を廻り関係者に会ったりしたのに留まるのが実情であった。

当研究会の発足の経緯は、平成二十八年（二〇一六）にエミ子夫人の調査の許可が下りてから一気に作業が進んだからである。長い間、無人だった義則宅は、十数年前の台風で屋根が破損し、雨水の浸入により資料散逸の危機もあったのだった。当時、定年退職し大阪に娘さん夫妻と住むエミ子夫人側の諸事情もあり、私が二十年前から資料を集め始めたのは町の図書館からであった。初期資料は金田勉氏から借用したのが殆んどである。しかし、最も重要な『あゆみ』全号は山形の県立図書館で閲覧しただけであった。

平成二十六年（二〇一四）、『山脈』（やまなみ）五十四号、翌平成二十七年（二〇一五）五十五号に突然現れた研究者「八鍬貞一」の出現には驚いた。同じ千葉県在住とあって連絡を取り合い、統合すべく話し合ったのが発足の機縁になったのである。戸沢村出身の八鍬貞一は高校時代の担任が大友義助氏だった所縁もあり、エミ子夫人への働きかけが好転したといえる。

連動して平成二十八年、彼は大友義助氏が主催する『最上地域誌』第三十八号に詳細な義則の年譜を掲載する。この『山脈』は昭和三十年代から発行された最上町地域の各青年学級会報誌の中央連合誌である。これを系譜と母体にした同人誌であり、親しい友人でもあった北村昭夫氏、伊藤晴康氏らが中心となり継承され、惜しくも平成二十七年五十五号にて廃刊となった。連合誌時代は、全てを義則一人が鉄筆を奮い編集し発行していた。貴重な朽ちかけた一号〜二号までは、当研究会でデジタル化保存も行っている。


昭和三十年代前期の資料の調査は困難をきわめたが、デジタル化保存し、一部は活字化にして復刻を行った。その成果を後世の研究家に残すためにも必要な作業であった。その経緯の過程で得た義則像の客観的評価をすべく、八鍬貞一と私が研究会を発足し、会報として年二回発行する事にしたのである。晩年のガリ版『ききみみ』は野村純一氏が活字化復刻し製本にした貴重な基礎資料でもあるが、初期の青年学級活動時代は全くの未調査状態であった。

その『あゆみ』全号を深く読み解き、そこを基点として、主に県内農村部における青年社会教育史、精神史を調査研究、緻密な分析を試みつつ孤軍奮闘中なのが「八鍬貞一」である。

私は以前から『地下水』二十六号、『場』八号の追悼号、この内容には疑問を抱いていた。追悼文の性格からすれば当然なのかもしれないが、その後の、全く忘れ去られた存在からして、積極的に調査研究すべき人物が現れなかったのは何故なのか―と。

会報にも掲載したが、こうした青年学級時代に別れを告げ、日本民俗学の門徒に辿りついたのは偶然ではない。義則の「メモ魔・記録者」と「書く」という行為への執念みたいな性格にも由来するのだが、それまでの蓄積が大いに寄与したのは当然だった。しかし彼の方法には、大学や研究室の学術的表記の手続きを踏み、かつ整理分類された資料への対処法には無い、「あらけずり」な一面が著しく残されており、それが不思議な余韻を醸成するのは何故か―、これが私の義則研究への起点であり、私自身の主要な課題となったのである。

昭和四十年（一九六五）、野村純一夫妻との出会いは、義則が民俗学に目覚める大きな転機となると同時に、学術的表現方法への接近でもあった。また、野村純一氏にとっても、その後の研究ベクトルを左右する衝撃的な登場だったのは確かであろう。蛇足になるが、以前から気になっていた構図がある。柳田國男と佐々木喜善、野村純一と佐藤義則、赤坂憲雄と森繁哉、こうしたツインな同期性（相似性）は果して偶然なのだろうか―。

一九〇
三年ほど前のこと。小国郷の匿名氏がある週刊誌に「禿岳に山女あらわれる」と記事を寄せたことがあった。それによると禿岳に若い女がけわしい岩場のホラ穴に住んでいて、とぶ鳥のように身軽く山をかけ廻るとか。天気の良い日には女の赤い物をほしてあるなどと話になった。これは宮城県のある女が神隠しにあったそれではないかとか。サンカの人々が山を移り住む途中を見たなど諸説続出したが、ことの真相は何だったのかわからずじまいに、いつか話は立消えになってしまった。（『羽前・最上　小国郷夜話』昭和三十九年、タイプ印刷版）

―限りなし話コ―から

昔々のずっと昔。
気イ長え長左ェ門ァ山さ行ぐど、土の穴コから、ペロッと蛇コ出はて来たけど。長え長え蛇コらけど。ほの蛇ァ穴コがら、今日もノロノロ、明日もノロノロ、あさってもノロノロ、やのあさってもノロノロ、ひあさってもノロノロ、ひあさってもノロノロ、………。

昔トントン

昔トントン　有ったけどな
ムガスァ　向いがら　ムンズリ着て
ハナスァ　端ずれがら　ハンテン着て
野原一本道で　ばったり　打つがったけど
其したら
ムガスァ　むつけで
ハナスァ　はつけで
佐渡が島さ　とんで行ったけどワ

註　昔と話という二人に見たてたもの。「ムンズリ」は「曲げる」の意で、袖口を曲げて縫った上衣の一種。「むつけで」は「むっつりとふくれ顔して」の意。「はつけで」は「はじけて。はれつして」の意。「佐渡が島」を「エゾガ島」とも。(『羽前最上　小国郷のトント昔コ』昭和四十一年一月、タイプ印刷版)

『小国郷夜話』は小国郷の成り立ち（神話・伝説）から地名の起こり、領主の変遷にまつわる様々な伝説、史実等を配置し、山村民俗の諸相に展開していく構成になっている。見掛け上『遠野物語』的手法は散見するが、古老たちからの聞き書きや彼自身の記憶を織り交ぜ、最終章の里謡への演出は、総合的に俯瞰した独特な民俗誌へと昇華しているのである。

この本の基礎稿となったガリ版誌『本城志』は昨年に活字化復刻し、現在『黒沢夜譚』を復刻中である。その作業を通して確信を得たのは、最上町を離れなかった義則自身だけが可能な五・六感で獲得した文学的表現であろうか。そういう意味では、『遠野物語』と同等の、いや、そうではなく、異なった次元での高い評価を与えるべき日本文学遺産なのである。

『トント昔コ』は『小国郷夜話』から二年後に発行され、野村純一・國學院大學グループの指導も得ているが、手法はここでも生かされており、昔噺を語る「話者」の背後に迫る「黒子」のような役回りで、巧みな方言描写力が凄まじい。話者の表情が彷彿と浮かんでくるのである。

そして、彼のもう一つの顔が「メモ魔・記録者」であった。これは、併行して活動を続けて来た『地下水』内の左翼的な傾向とも絡めて、最上町出身の娼婦に売られた女の聞き書きが、ジャーナリズム界に反響を呼ぶ。これも彼の独特の表記法を駆使したのが要因と推察される。こうした悲惨な残酷史は星の数ほど記録されてはいる。しかし、彼の話者に迫る文体表現は、活字化された紙面にも拘わらず、憑依するかの如く読者の心に響き渡るのである――、これが彼の精神史を辿るもう一つの動機でもあった。

――オラ、何も知しゃね馬鹿らったも。東京さ行く途中で、なえして新潟さ休んで行くならべってぐらいしか、考え付かねがったモ。ほの男ァ云う事ァ良《え》えったら、「お前《め》みでェな田舎者ァここで少し行儀作法ば習《なろ》ってから、東京さ行がらんねんだッ」って、怒《ごしゃ》ぐならヶ。「お前の家さ前金払ってるんださえ、逃げだりすねで、みっつりと三年働いて、早く帰れるようにつとめるんだ、え。逃げだって警察ざ有るし、お前の実家さ借金ァかさなるばりださえてナ」って、くどくど語り聞かせらって、オラ、新潟さ往生申して居る事えしたけなョ。

ほの家さ、宿屋かと思ってらば、おっかねえ女郎部屋らったモ。「お前さ、大まい一〇〇円の金かかってんなら」って、何度も云われっけズ。一〇〇円なの、どのぐらいの金なのかもわからね。小娘らったモ。オラ。

（松永伍一編『講座　農を生きる五』所収「東北飢饉のなかで――娼婦に売られる」、一九七五年十月、三一書房）

この聞き書きは、真壁仁『地下水』グループの活動の中で、主軸化した民衆史の封印された叫びを記録する流れの一環でもあり、中央の社会派と称される知識人たちに大きく評価されたのは、前述した描写力の活字化（二次元的還元）であろう。

しかし、真壁仁・須藤克三・野村純一グループと、ある意味では等間隔の位置で小回りに活動した義則の、晩年に選んだ「場所」は、ガリ版誌『ききみみ』であって、学問の域を超える彼自身の統合された世界であった。再びガリ版誌と鉄筆の「一人神楽」の世界に戻った義則、あえて穿った私見を述べる。

それは昭和五十一年（一九七六）十一月に発行された『国文学』臨時増刊号（民話の手帖）に、「地域別・民話調査・展望と視点」のコーナーで東北地域を代表し寄稿している。本編に居並ぶ著名な学者や作家、思想家（木下順二、吉本隆明、河合隼雄、谷川健一、宮田登、他）等の錚々たるメンバーと彼等の知識、思考の深さや展開に臆したのかもしれない。

最後に義則の世界に触れる資料を紹介したい。古書検索やそれなりの規模の図書館で閲覧可能な書籍を掲示する。

『羽前小国昔話集　全国昔話資料集成①』岩崎美術社、一九七四年

※一九八八年四刷版では野村純一氏の解説がある。これはタイプ版『小国郷のトント昔コ』が底本になっている。

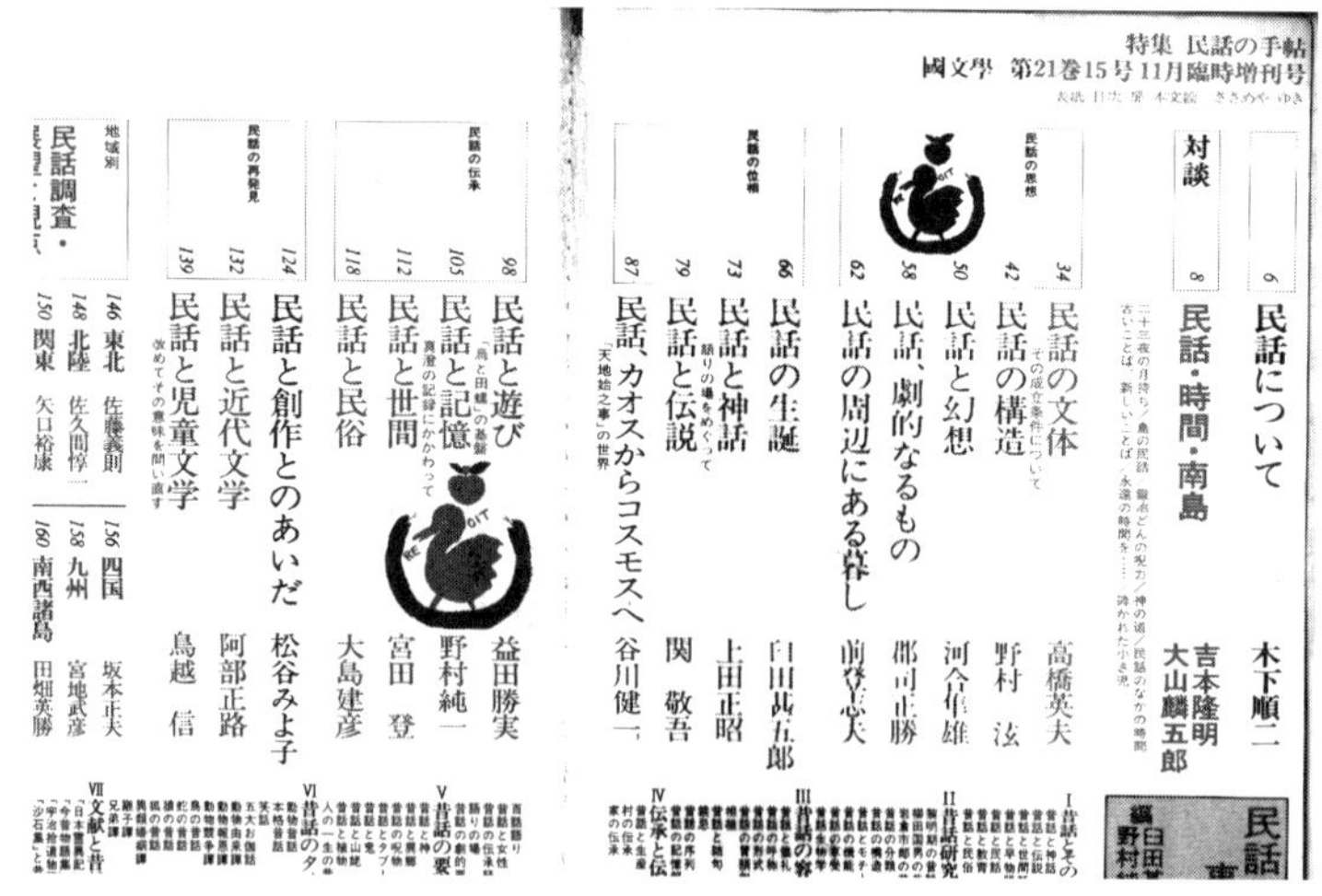
特集 民話の手帖
國文學 第21巻15号11月臨時増刊号

6 民話について　木下順二
対談 8 民話・時間・南島　吉本隆明　大山麟五郎
二十三夜の月待ち／島の民話／爺ぶどんの呪力／神の道／民話のなかの時間
古いことば、新しいことば／永遠の時間を……／鋳かれた小さ児

民話の思想
34 民話の文体　その成立条件について　高橋英夫
42 民話の構造　野村 泫
50 民話と幻想　河合隼雄
58 民話、劇的なるもの　郡司正勝
62 民話の周辺にある暮し　前登志夫

民話の位相
66 民話の生誕　臼田甚五郎
73 民話と神話　語りの場をめぐって　上田正昭
79 民話と伝説　関 敬吾
87 民話、カオスからコスモスへ　「天地始之事」の世界　谷川健一

民話の伝承
98 民話と遊び　「鳥と田螺」の系譜　益田勝実
105 民話と記憶　真澄の記録にかかわって　野村純一
112 民話と世間　宮田 登
118 民話と民俗　大島建彦

民話の再発見
124 民話と創作とのあいだ　松谷みよ子
132 民話と近代文学　阿部正路
139 民話と児童文学　改めてその意味を問い直す　鳥越 信

地域別
民話調査・
146 東北　佐藤義則
148 北陸　佐久間惇一
150 関東　矢口裕康
156 四国　坂本正夫
158 九州　宮地武彦
160 南西諸島　田畑英勝

『羽前小国郷の伝承　民俗民芸双書　八三』岩崎美術社、一九八〇年

※義則の亡くなった後に発行されている。底本はタ

イプ版『小国郷夜話』である。野村純一氏の友情溢れる解説もすばらしい。

『ききみみ・小国郷のわらべうた』荻野書房、一九八〇年

※昭和五十二年一月～昭和五十三年四月の一六号までと、昭和四十年八月『小国郷のわらべうた』のガリ版誌を野村純一氏が活字化製本した内容である。同氏の生徒であった「荻野書房」を説得して出版をお願いした、との敬子さんの証言があった。氏の深い追悼の意が込められている。

「雪と炎の紋章　村の記録者・佐藤義則」松永伍一、文化出版局、一九八二年

※『供華の旅』からの章。

なお、『地下水』や『場』、初期の「詩」等を掲載した『新庄文学』は同人誌なので、古書検索は困難だが、新庄市立図書館、県立図書館での閲覧は可能か。

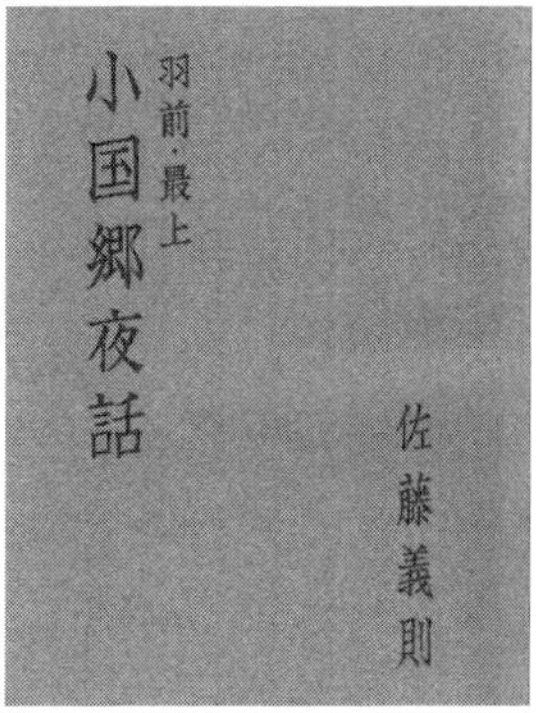

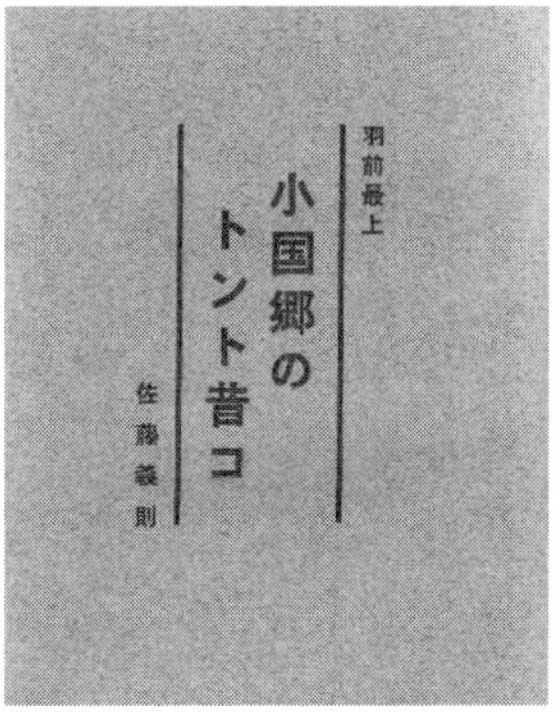

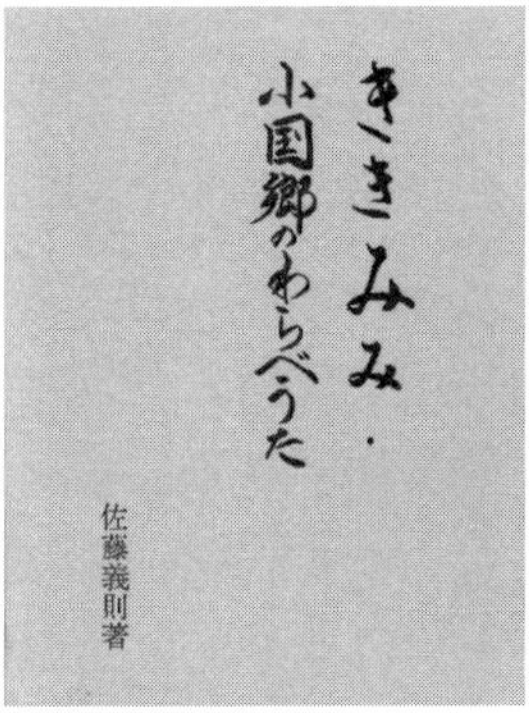

『あゆみ』全三十一号は最も貴重な資料である。戦後日本の青年社会教育史の基礎資料として公費にても製本化すべきであろう。原本は当研究会がデジタル化保存しているが、県立図書館での原本閲覧は可能である。

※佐藤義則研究会会報誌『オイノコ』編集責任者。現在七号まで発行。他、資料のデジタル化保存、活字化復刻版も発行。

どんぺからんこ　夜語り交流会

夜語り交流会で語る渡部豊子さん

第四部

野村純一・野村敬子ご夫妻に導かれて

野村純一先生の思い出
―岩倉高等学校の教え子として―

柴田行慶

上野駅に近い岩倉高等学校には、鉄道好きの男子たちが、たくさん集ってきました。私も鉄道が好きで、将来は鉄道関係の仕事で働けるかも知れないと、今、思えば、横浜（金沢文庫）より上野まで、二時間かけて通学したものです。

昭和三二年に野村純一先生が受持ちで高校生活が始まりました。私は声が小さくて、先生が演劇に参加するようにご指導下さいました。たしか二年の秋の文化祭で、先生が顔にドーランを塗って、仙人の姿を作ってくれたことがなんとも言えない気分で、懐かしいです。文化祭で役がついて何かヨタモノのような男を演じたところ、いつの間にか教室で声が大きく出るようになりました。野村純一先生は国語の先生でしたが、教科だけではなく、学年主任として、いろいろお世話していただきました。自分たちが最初の教え子だったので、野村純一先生も「先生一年生」でがんばったようです。

山岳部の顧問、文学部の顧問、いろいろな生徒たちに影響を与えられました。展示会の写真は、壁面の採訪旅行で聴き取りをしている鷹匠の家の一枚。とても懐かしい。岩倉高等学校時代の先生の顔でした。私が一番思い出す若い頃の顔。迫力のある野村先生。ノミジュン。これは山岳部の生徒がつけたニックネームだったようです。先生はお酒が強かったようです。そういえば、展示会の会場、イベント会場に山

増澤英宣さん提供

昭和 38 年八幡平（東北）

岳部ＯＢ増澤英宣さんが、茅ヶ崎市から見えていました。岩倉高校山岳部という名称は野村先生が付けたものであったそうで、大変連帯感があり、現在も続いており、関係団体から表彰されたそうです。『ふえいす』という雑誌もあり、一〇号まで続いています。先生が亡くなられた年、ＯＢ会が十人近く揃って仏壇にお参りに来られたとのことです。野村先生のお宅に伺うと、写真の前に岩倉高校山岳部ＯＢ会創立五十周年記念のブルーが美しいビアーカップが供えられています。

山岳部のＯＢ会は國學院大學の教え子たちと一緒に、「野村先生を偲ぶ会」に出席。山岳部時代の思い出などで偲んで、そのスピーチの見事さに出席者たちは感激したということでした。お話が皆さん上手なのは、社会人として熟成されたから、と奥様も感じ入っていました。

先生は手術後に回復され、岩倉時代の教え子たちにもう一度会いたいと、一度錦糸町駅前のレストランを予約しました。が、皆が集ってくれた日に症状が悪化して、奥様だけが参加されたということです。最後まで岩倉高校のことを大切に思っていたと、ありがたくなります。私は展示会の中に懐かしい先生の姿を追っていました。褒章をいただいたニュースで、会社の同僚に「自分の先生だ」と言ったら「嘘つけ‼」と言われ、皆の前で先生に電話したことがありました。「俺の大事な教え子だからよろしく頼む！」と言われたと、同僚たちはびっくりしていました。

亡くなられたと聞き電話口でワーワー泣きました。奥様は「いくつになった？」と問われましたが、わたしは「六十一歳」でした。自分にとって、岩倉・純一先生は人生の大きな励みでした。合掌。

ご近所の誼み

齊藤仲義

私は一九七四年に東京都江戸川区南小岩で生まれました。野村純一さん、敬子さんのお住まいの斜め先のことです。

大人に囲まれて育ったせいか、小さい頃から人の営みやそこでの考えを推し量ることが面白く、大学では歴史学を専攻し、大学院では経済学に転じましたが、日本の近現代、特に戦後の歴史を研究、千葉県を中心に自治体史も執筆したりして参りました。港を研究対象にしている関係で、また鉄道旅行が好きなこともあり、よく全国を一八きっぷで訪れても参りました。

まだ博士課程に在学中のことだったかと思います。その頃は通学等の関係で小岩を離れていたのですが、ある日、アルバイト先の学習塾の同僚から、「齊藤さんの実家のそばに偉い先生がお住まいのはず……」と話を振られました。彼は國學院大學で日本文学を専攻する大学院生でした。その時はたしか「そう言えば、幼いときにそんなようなことを耳にしたことがあったかも……」と答えていたと思います。

記憶を遡ります。保育園に入園した頃だったでしょうか。私は妹、隣家の同い年の幼なじみとその弟、この四人でよく遊んでおりました。野村さんのお住まいに続く私道（当時は「私道」の意味もわかっておりませんが）、よくそこで石遊びをしたり、蟻の巣を観察したりしていました。その頃の私にとってそこは一番近い「遊び場」だったのです。

ある日、近所の女性の方だったかと思いますが、「そこで遊んじゃダメよ」と注意を受けたような記憶があります。「あそこには偉い大学の先生がお住まいだからうるさくしちゃいけないのよ」とそんな注意だったかもしれません（子供に私道を説明するのは難しいですね）。注意を受けたからか、少し先にある公園が楽しくなったのか、私はその後その「遊び場」で遊ぶことは無くなっていきました。

大学院を満期退学し、小岩に戻ったある日、回覧板がわが家の郵便受けに届けられていました。町会費を徴収したいという内容でしたが、そこには手紙が添えられておりました。「大学で教えていたりしているため、家を空けることが多いかもしれません」。

私は「やはりそうだったのか」と思い、町会費をお支払いする機会をうまくつくれるよう、また自己紹介もしつつ、野村さんの郵便受けに返信を入れさせて頂きました。これが真室川に続く縁でした。

小岩に住む私たちには、大学という存在は少し遠いものです。住む江戸川区は鳥取県よりも人口が多いにもかかわらず（鳥取県は好きですよ。昨年も米子にまた泊まりました）、なぜか区内に四年制大学が一つもございません。このため大学という存在が身近ではないのです。この町では岩波文庫や中公新書を手にすることも難しいです。こうしたことを少しさみしく思っている、そんなこともお互いにあったのかもしれません。野村さんは町の会館で昔話の研究会「聴き耳の会」を開いており、そこには町外から多くの方がお越しになります。

「聴き耳の会」は現在江戸川区の語り集の編集の予定も進めているそうです。

小岩、江戸川区のことで共著をつくることが私たちの想いです。そして、ご近所の誼み、これからもよろしくお願い致します。電球の取り替えくらいでまったくかまいませんから、今後もどうぞお気軽にお呼び付けください。蟻を観察させて頂いたことのご恩返しです。

野村純一先生と岩倉市郎ヤッキー（小父さん）

吉野治子

私が生まれたところは、鹿児島から三八〇キロメートル離れた奄美本島の東北端にある喜界島、隆起サンゴ礁の島です。我が家から少し行ったところに太平洋が広がっており、そこのサンゴ礁にある小さな貝（ミニャ）を取って、潮水で洗って食べるのが楽しみでした。今は、海水浴場になってしまい、塩道長浜節に唄われ、素晴らしかった塩道長浜はありませんが……。早町小学校に行く時は毎日、素足で歩き、砂浜に文字を書いて勉強したものでした。

喜界島を離れて五六年、上京して五〇年の歳月が過ぎました。帰郷するのは法事の時か故郷同窓会の時くらいです。三年前、古稀の同窓会で帰省した時、故郷在住の得本拓さんに阿伝在住の岩倉市郎さんの従姉妹のつれあい長岡茂治さんを紹介していただきました。そこで、十五年前（二〇〇四年）に、民俗学者、国文学者であられた野村純一先生が、「喜界島の民間説話にみる神観念」の調査にいらっしゃったことを伺いました。

野村純一先生は民俗学者の方々を伴っておいでになり、一月一〇日～一四日までの四泊五日の行程で喜界島の調査を行われました。喜界町歴史民俗資料室、墓地、神社等、信仰施設に関する調査。阿伝出身の政井平進氏、岩倉市郎氏ゆかりの長岡茂治・トシ子氏、志戸桶出身の孝野武志氏にもお会いできて、喜界島の民俗に関わる聞き取り調査を行われたようです。

故郷にいる時は自宅からすぐ近くの海岸まで行って、「海は広いな　大きいな　行って見たいな　よその国」と心で叫びながら遠くを眺めていたものでした。近くには高千穂神社やクンビー神様があり、母の親戚や隣の集落には「ユタ神様」がおいでになり、お腹が痛いとか頭が痛い時などは母がすぐ跳んで行ってお祈りした焼酎を持ってきて、撫でてくれると何故かすぐ治ったものでした。父は『実験調法・神術霊妙秘蔵書』を読みこなしていて、近くの人の「おできやいぼ」を祈りながら治していたようです。医者が必要になったのはケガをした時だったように記憶しております。喜界島（奄美）に生まれ、育った者にとっては普通のことが、学者にとっては研究材料になっていたのですね。もっと早く、気が付いておれば、両親や島の古老たちにいろいろ教わっておくべきだったと思うこの頃です。

私が喜界島の大先輩・岩倉市郎ヤッキー（小父さん）に初めて出会ったのは、江戸川区小岩で行われている「聴き耳の会」でした。江戸川区女性センターの聞き書き研究会メンバーとして「中野ミツさんの女性史」取材のため、会場をお借りした時でした。主宰の野村敬子先生（野村純一先生の奥様であり、学問の友だち）から岩倉市郎採録『喜界島昔話集』（柳田國男編）を渡され、「これを語ってごらん」と言われた時はびっくりしました。今、思えば野村先生も喜界島出身の人が昔話の語り部の取材で現われて驚かれたことでしょう！

奥様に伺うところでは、野村純一先生は昔話研究の中で、岩倉市郎氏の聞き耳、聞き取りのすばらしさに感じ入っていたそうです。新聞社に関係したことで速記を身につけており、声をすくい取り、語り口を丁寧に記録しているそうです。柳田門下の人びとには速記を身につけている人が他になかったので、岩倉氏の昔話集は評価が高いとされていたのです。喜界島に神観念の研究をしに出かけた野村先生は、しきりに昔話の古態を探り出そうとされたようです。『著作集　第六巻　伝説と伝播者』に収められた「喜界島の

喜界島でのスナップ

民間説話にみる神観念」の論文には、そうした気配が記されているようです。私は、野村先生の奥様に会うまで知りませんでしたが、喜界島の岩倉報告が日本における昔話研究（昔話を語る日とその機会・語る人など）の具体的な事例となって研究史上欠かせない資料となっているそうです。びっくりしました。

ちょうど先程、岡山県に在住の岩倉さんのご親族の方にお電話申し上げて、お話を伺ったばかりですが、野村先生は岩倉氏についてご親族の方にもいろいろ問われ、古い民俗のことをしきりに問われていたようです。

拵《こしらえ》嘉一郎さんにも手紙を出しているようです。拵さんは喜界島の学校で岩倉氏の教え子、アチックミューゼアムでは岩倉氏の助手をした人物です。拵さんには『澁澤敬三先生と私』があり、そこで岩倉氏との関わりが詳しく記されてあります。

奥様が私と初対面の折、喜界島の出身と知り、とても嬉しそうな顔をされたのも、私に「昔話を語りなさい」と言われたのも、何か運命のようなものを感じてしまいました。

野村純一先生に逢いたかった！と、今、しきりに思う私です。

『孤悲記』を読んで

石井季子

真室川での講演で、臼田甚五郎の『孤悲記』を知った。國學院大學教授・臼田甚五郎（一九一五〜二〇〇六）は、野村純一・敬子先生の恩師である。一九六五年三月三一日から七月三一日まで、文学史・民俗学の調査研究のため、アメリカ・ヨーロッパ諸国を巡った際に、数多くの海外通信をしたためる。柾谷明へのたよりに、「日記を書くひまがなく、かゝる葉書を集めて本にまとめたいと思ふのでとつておいてください」と書いているように、大学研究室と、そこにつながる若い人々へのたより一一一通を一冊の本にした。題名は、『万葉集』では「戀」の字を「孤悲」と表記することに由来する。実際、臼田は『万葉集』を持ち歩き、最終のフィンランドで一気に読み通し、心のよりどころとしている。

『孤悲記』カバー

四ヶ月の旅の間、書簡は一方通行ではなく、臼田は滞在の予定やホテルの住所を教えたので、日本からの書簡を数多く受け取っている。「あれほど中継所を聞いたのに、一つとして書信なし、終に憤慨して、妻は離縁、弟子は破門と思つてゐた」と記す一方では、「諸君の手紙を読んだ（中略）ああ皆を愛したい愛したい」と、大変心待ちにしていた。

五月一四日の野村夫妻あての書簡にもあるが、皆に外国語の習得をしきりにすすめている。自身は「三十年前の英語を心臓でどうにかやりくりして」とあるが、若い人たちには、語学をマスターして論文を読み、かつ発表出来るようになることを熱心に説く。「ボヤボヤしないで」「もつと勉強したまへ」とも発破を掛ける。コペンハーゲンでヨーロッパをまわる上智大学の女子学生に会うと、女子は語学の才能があるのだから、國學院大學女子学生でスカンジナビア民俗採訪隊を作ろうと呼びかける。

また、国際都市ではなく、地方の都会・町・村に魅力を感じている。博物館・美術館では、民俗採訪でいう一番容易な目の採訪に時間をかけ、その感動を日をおかず若い人たちに伝えている。臼田がその場で感じ取った生の感動を書簡によって講義しているのである。学問のためには、博物館を見学する必要があり、美術館の絵に描かれた風俗風土に注目し、「生きる民族の魂がひびいてくる」と説く。

絵葉書や切手の図柄も送る相手に合わせて選び、若い人たちのプライベートや家庭への配慮も怠らない。研究指導・卒論指導を書簡で行い、頭の中で考えるだけでなく実際に書いてみることを積極的にすすめる。これらの心あたたまるメッセージから、それを受け取った人たちに新しい研究が生まれてくるのだと強く感じる。

なかでも、野村夫妻への書簡には、格別の思いが込められている。「いつもいつもいい御手紙有難う」と感謝し、「敬子君に報告するため」にとして、詳しい食事内容や訪れた土地の様子を書く。絵葉書の絵柄としては、スウェーデンの一昔前の台所や、フィンランドの八〇〇年前の農家の台所と居間が写されたものを選んでいる。

旅も終盤となる七月一九日の野村夫妻への書簡には、「学問を生活の中におろしてゆかうとしてをる貴女の態度は正しい。ぜひ一生をさうした気持で貫いてください。折角民俗学をやつても、とかく実生活には落差を大きくしてゆくやうな人が多いのを私は残念に思つてゐました。それを貴女は堅実に生活と学問を一体にしてゆく意欲をもちつゞけて踏み進んでゆく。実にうれしい。勿論、純一君のよき理解あつてなされることを忘れないやうに。一人では出来ない、二人の力をあはせたればこそ、といふ仕事をして下さい」と述べる。

さらに七月二四日の徳江元正あての書簡では、「廿五年間つれそつても何一つ家内は進んでゐないといふ悲しみだ。これは私が悪かつたと反省してゐる。もつと勉強出来るやうに心がけてやるべきだつた」と、自身の妻の勉強が進まなかったことを嘆いている。そして、「私は今家内にしてやれなかつたことを、野村君夫婦の上に実現したい。ふたりでしつかと学問をくみ立ててゆくこと、同じ学問でなくてもよい。ちがつた部門で、同じ対象について助け合へたら一層よい」という気持ちを伝えている。

こうした書簡からは、野村夫妻の研究をあふれんばかりの愛情をもって応援した思いを垣間見ることができる。それは、真室川で行われた「生き続ける昔話展」へと確かにつながっている。臼田甚五郎という先生がいらっしゃる研究室と、そこにつながる若い人たちがつくる環境の中で、若き日の野村純一・敬子先生が研究されたのだということを改めて認識した思いがする。

臼田は、優秀な女性が学問をすることに大いに期待していた。その思いを現代社会で普遍化しようとした野村敬子先生は、生活と学問を一体にすることを堅実に実践し、女性と昔話の深いつながりへと視点を定めていく。女性に勉強をすすめ、「聴き耳の会」で勉強をかさねてこられた。主婦である私にも折に触れて学ぶ大切さを教えてくださることに感謝している。

論考

口承文芸学の夢を追って——経験したこと、聞いたこと——

内藤浩誉

一　野村純一・敬子両先生の学恩

私が野村純一先生の門を叩いたのは先生が還暦を迎えられた直後のことで、十二年後の平成十九（二〇〇七）年に七十二歳で亡くなられるまで、様々な学恩をいただいた。それからさらに干支は一巡し、令和元（二〇一九）年、十三回忌を迎えた。出会いからの時間とお別れしてからの月日が同じだけ流れたとは、月並みの言葉だが「光陰矢の如し」の驚きである。同時に、まだまだ多くのことを教えていただきたかったと思うし、この時世で向き合わねばならない様々な課題についてのお考えを伺いたかった。何よりも、先生のお声を聞くことができないのが淋しい。声から感じる息吹とは何と尊いものなのだろう。

まさに野村純一・敬子夫妻の多岐にわたる発信の源泉は「声」である。声の学問について究めてきたお二人の歩んだ道を、今回敬子先生から伺った聞き書きを織り交ぜながらまとめたい。

令和元年十月、敬子夫人の故郷・山形県真室川町で、夫妻の業績を回顧する企画展「野村純一・敬子先生のどんぺからんこ　生き続ける昔話展」（真室川町立歴史民俗資料館）が開催され、私も拝見する機会を得た。写真や遺品、会場に流された録音テープから聞こえる先生の声も懐かしかったが、特に見入ったのは机にびっしりと並べられた採訪ノートや刊行物の一群である。この学問の原石といえる調査資料は、旅に彩られた人生をそのまま示していた。

純一先生の一周忌を前に追悼集刊行会が立ち上がった際に私も一翼を担わせていただいたのだが、巻末に付す年譜作成は、先生の人生と業績を俯瞰しながら併せて口承文芸学史を繙く学びの時間であった。学究内容を辿るばかりが学史でなく、語られるテーマの背景にあるその時その研究者の思考や行動の歩みがそのまま学問の深みを表す。先生の関心の幅広さも、その時にどのような旅と出会いと経験があったのかに基づくと気づかされた。

大変ありがたかったのが、先生の律義さである。限られた時間で膨大な業績を年譜としてまとめねばならなかったが、先生は自らの業績―片面は講演、もう片面は論文の見開き一年完結、時系列―をまとめたノート数冊を残して下さっていた。日頃から筆まめなお人柄は存じ上げていたが、改めて見習わねばならないと思ったものである。

御縁あって、敬子先生の著作業績をまとめる機会も頂戴した。真室川の企画展に合わせた、石井正己先生からのご依頼であった。私は期待した。純一先生同様筆まめな敬子先生もきっとご自身の業績をまとめていらっしゃるだろう、と。そして伺ってみた。曰く、「私は書き捨て、自分のものはあまり残してないの。家族に知られないように」。肩透かしを食らい、言葉に詰まる私を気遣ってか、「業績はあまり無いと思うわよ」と仰った。

しかしである。「此処掘れワンワン」と探せば探すほど、芋蔓式にざっくざっくと湧き出てくる。家庭人として家のことを優先しながら合間で学問を深めたという敬子先生は、その筆の速さゆえに多くの執筆をこなしていた。中には、純一先生から「書いてくれ」と託されることもあったという。どのようなテーマでも対応できるその幅広さは、敬子先生も純一先生に負けていない。「夫唱婦随」というが、野村夫妻の場合は「同伴者」という言葉がふさわしいと業績面からも思う。

「東京にいるからこそ発信源になれる」。戦時中、疎開してきた若い先生の影響で目を向けた東京にこだわりを見せる敬子先生に、結婚相手として純一先生を推したのが夫妻の恩師・臼田甚五郎氏だった。敬子先生は純一先生について「貧しいけれど、その

インドのチョーハンさんのお母さんと野村先生のお母さん（姑）

人を育てた環境があった」と述べた。この言葉に、私はふと学問のために訪れる人を大切にした純一先生のお母上の存在が脳裏をよぎった。

大学院に進学した年、私の母方の祖父が亡くなった。初めての学会発表を控えていた時期で、純一先生は気遣いながら指導してくださったことを覚えている。若くして父親を失った祖父は長らく一家の大黒柱だっただけに、その祖父が旅立った時の曾祖母の落胆ぶりは甚だしいものだった。純一先生の追悼集の件で度々ご自宅にお邪魔してお母上にもご挨拶をするたび、息子を失い意気消沈しているお姿が曾祖母に重なった。

その後、お母上の葬儀にも参列させていただいたのだが、その時喪主を務められた先生の弟さんの話が印象に残っている。「戦火で忽ちに財産を失うという経験をした母は、戦後の貧しい時期であっても子供たちには教育を惜しむことはなかった。それは、物は奪うことができても、知識という財産は他人が容易に奪えないと考えたからだった」と。学問の世界で邁進できる自分自身を振り返ったとき、それは良き師との出会い、その存在があるからこそである。「環境が人を育て、人が環境を育てる」という言葉の重みを実感せずにはいられない。

出会いと経験で人生は語られる。学問も同様だ。その人がどのような出会いを果たし、経験を積み、それゆえ何を考え行動したのか。「口承文芸学」という学問の時代を切り開くにあたり、夫妻が歩みを進めてきた道は輝きながらも、しかし決して平坦ではなかったようである。

二　昔話研究と芸能史のすれ違い

木曜会に参加していたという國學院大學教授臼田甚五郎は、柳田國男を父に、折口信夫を母にといった、民俗学や文学研究の雌雄の下で学問を究め、多くの弟子を育てた。芸能分野にも親しかった臼田先生が当時『藝能』(昭和十八(一九四三)年、折口信夫創立の藝能学会会誌)の発行人を務めていた石井順三氏に働きかけてくれたお蔭で、敬子先生は採訪した山形県真室川町の昔話資料を報告する連載を任された。しかし、それは不本意にも途中で打ち切られることになる。曰く、昭和四十九(一九七四)年、『藝能』編集を手伝っていた某氏が当時息子の入院していた病院を訪れ、「次の原稿で連載は終わりにさせてもらいたい」と言うので理由を聞くと、「慶應大学関係の先生方が、昔話は『藝能』という雑誌の領分では相応しくないとの認識を示している」という返答であった。その時は時間的精神的に目の前の命に向き合わねばならない状況だった敬子先生は、半ばホッとしたものの、複雑な想いが残ったという。名もなき人が語る口承文芸資料に価値を認めてもらえなかった、それが池田弥三郎氏を筆頭とする折口信夫の一番弟子のような先生方からの反対だったということが、殊更に痛く響いた。

折口は、昔話をやらなかったのか、それとも昔話にそれほど価値を見出さなかったのか。それは、後に鶴見俊輔氏が唱えた「限界芸術[1]」的な発想があったからなのだろうか、と煩悶した――この話を伺い、私は大変驚いた。國學院大學大学院へ進学する折、「民俗文学はそのまま芸能でもある。その方面にも可能性を伸ばしてほしい」との餞の言葉を私に贈ってくださった学部時代の恩師で芸能研究者三隅治雄先生は池田弥三郎氏とも親交が深かったし、改めて池田氏の著作に触れてみても、口承文芸と芸能の間に一線を引いているような壁は感じられなかった。また、当時の『藝能』を繙いてみたが、國學院大學出身を始めとする口承文芸を専門とする者が書評などを寄せている。どうも、私自身腑に落ちない。

藝能学会の関係者に尋ねてみた。一様に、当時そのような出来事があったことすら知らなかったと驚愕されていた。そして、当時の学会誌編集に関わっていないので詳細は不明としつつも、いくつか参考になるご意見を伺えたので紹介したい。

まず、何故「池田弥三郎」の名前が出たのか。池田先生はむしろ口承文芸研究の大切さを説き、若い研究者の輩出を願い惜しみなく激励していたという。そのような先生が掲載の中断を仕向けるなどあり得ない、果たして池田先生が直接仰ったのか甚だ疑わしく、誰かが「名を借りて」そのように図ったのではなかろうか、と。

不本意な連載中断が起きた背景として「可能性を推察するならば」と前置きした上で、次のような示唆もあった。

一つは、池田先生の学会誌への改革意欲である。昭和四十九年前後は論文の掲載が少なかったため、もっと増やして学術的なものにしたいと考えていたという。

もう一つは、折口門下の中に「口承文芸は柳田國男のもの」という遠慮があったのかもしれない、という見解である。「家元制度があるものを民俗学では扱えない」という言葉を柳田は残している。そして、柳田が排除した芸能を折口は引き受けた。このような経緯から、芸能研究はいわば折口が柳田から任された学問であり、そのため歌謡や専門芸としての語りは受け入れるが、村人などの一生活者が脈々と伝える昔話は芸能史に入れないという暗黙の了解に拠って、民俗学という土俵に芸能学が踏み込むことを遠慮するのと同時に、柳田も傾注した昔話研究は民俗学の一領域なので、あえて芸能分野で行う必要はない。いわば、柳田学と折口学の棲み分けが働いたのではないだろうか。結果的にそうした斟酌が連載中断という判断につながった可能性がある。決して学問として昔話自体を認めないというわけではなく、芸能（史）＝折口学という立場から認めないという配慮であったと思われる。

以上が、あれこれ推察を働かせる中で出てきた答えであった。柳田と折口の関係性がもたらした学問領域への影響なのだろうか、芸能研究が孕む異質さが窺えるような話である。

三　「女性でなければできないことをやれ」

いずれにせよ、どのような経緯や思惑の下に予期せず連載が中断されたのか、今となっては真相は藪の中である。しかし、敬子先生は振り返る。ある意味で当時の口承文芸の学問は発展途上だったのだ、と。聴聞文芸に対して、「素人が作り、素人が聞くもの」という時代の意識が底流にあった。また、昔話を研究するにあたり、全国に向け発信し、口承文芸を学問として萌芽させた柳田國男や関敬吾のことばかり仰ぎ見ていた上に、古典文学に出典を求めて満足していた点は反省すべきではないか。この連載中断という体験を通し、言語芸術に対する外側からの見方について思いを巡らせ、何故受け入れられないのか、口承文芸の社会性について考えることができていたらまた異なっていたのかもしれない。そうした意味でも、踏みとどまってもう少しその深みを考えるべきだった、と述懐した。

このような出来事はあったが、敬子先生の代表的な研究の一つ、産婆の話はこの後から始まる。石井順三氏の力添えで再び『藝能』での原稿掲載の機会が巡ったことがある。掲載された「産室の語り手―富樫イネの場合―」[2]はさらに『日本昔話研究集成三　昔話と民俗』[3]に再録されたのだが、純一先生は「男にこれは書けないな」と舌を巻いたという。「女性の身体」を取り上げた論文はしかし、新しいテーマとして注目されるようになった一方、抵抗も経験した。

学問より結婚を優先した敬子先生に、仲人でもある恩師は度々「親戚に遠慮して後ろに隠れてないで、出てらっしゃい」と諭したという。しかし、『國学院雑誌』に掲載してもらいたいと持参した原稿がケガレの問題を取り上げていると、「(発行元の)國學院大學は神サマの学校だからなぁ」と渋り、結局「血の色をした論文はダメ」とはじかれてしまった。女性でなければできないことをやれ――しかし現実は、学問の中にも壁があることを痛感したという。後日、その原稿を関敬吾氏に見せたところ、「瀬川清子さんに会いなさい」と紹介の手紙を書いてくれた。これを契機に女性民俗学研究会(柳田國男の指導の下、昭和十一(一九三六)年に創立、通称女の会)に参加するようになり、それからは女性のテーマについては研究会誌の『女性と経験』に書くようになった。

ちなみに、私も同研究会に入会していた時期があるのだが、それは純一先生に敬子先生を紹介していただいたことがきっかけであった。女性が女性として女性のために学問に向き合う時間を共有し、多くの刺激をいただいた思い出がある。人のつながりは駅伝の襷が渡されるが如く繰り返されていくものなのだ。

四 「口承文芸学」が社会に認められる

「近岡商店にコメの配達を頼むと、野村純一さんも運ばれてくる」。

学生の間で語られる笑い話である。真室川で実家のお得意様から生の声を聞き、録音機に助けられつつ耳を鍛えては話を集めた。これら資料が、夫妻の研究を支え、「口承文芸学」発展の足掛かりになっていく。しかし他方、この学問に対する理解はまだ低く、風当たりが少なからずあったことも否めない。ハードルを越えることを喜びとする純一先生ですら、若き頃はもどかしさと暗澹たる気持ちに苛まれたという。

文献派が多数であった説話研究の中で、「生の言葉」で勝負しようとしていた純一先生に、当時の國學院大學文学部長の高崎正秀教授は「どんぺからっこの兄さん」というあだ名をつけた。結婚した昭和三十八(一九六三)年だった。高崎先生に「昔話をやっているだけでは國學院で学問はできないよ」と言われた純一先生は、帰宅して泣いたという。そして、「それでも昔話をやって良いか?」と敬子先生に尋ねたそうだ。昔話研究という立場ではなく、昔話と関係ある近代文学を教える講師として國學院の教壇に立っていた頃で、受講生はまだ二、三人しかいない時代。それでも、敬子先生は「もちろんいいわよ」と答えたという。高校教員をしながら研究を続けていけばよい、と考えてのことだった。「当時はまだ苦労がないから、そんなカッコいいこと言えたのよ、私も」と笑いながら、それでも昔話への夢は持っていた、と敬子先生は回顧する。

「説話」と「説話文学」が未分化だった時代には、研究会に学会としての名称を与えようとした動きの中で学会の重鎮が「説話学会とするなら脱会する」と発言したため緊張が走り、結局「説話文学会」に決まったということもあった。また、国文学研究資料館の設立にあたっては、臼田先生たっての希望だった口承資料の収蔵は対象から除外された。「字も読めない人の資料に価値があるのか」という認識が、ここでも頭をもたげたのである。

荒野を開拓するが如く、「口語り」の資料でもって野村純一先生は学問を進めた。後にその業績は認められ、数々の賞を授賞する。しかし、人脈がさらに広がったという「角川源義賞」(昭和六十(一九八五)年)でさえ、評価の対象は「文学研究」だった。「口承文芸学」として手応えを感じたのは、紫綬褒章を受章した平成十二(二〇〇〇)年という。この経緯については、小川直之氏が語る思い出が詳しい。

当時の文部省から紫綬褒章候補として書類をまとめて提出するように指示を受けたのは、平成十一年十月末だった。私には大学人事課の担当者から連絡が入り、申請するのでともかく書類作りを頼みたいとのことだった。その作業は、時間的な猶予はなく、十日もなく提出しなければならなかったし、当人には知らせないで進めて欲しいとのことだった。(中略)書類を整えるなかで、考え込んだのは「専攻」であった。何がもっともふさわしいか思い悩み、結局は「口承文芸学」とした。(中略)結果が確定したのは翌、平成十二年四月二十八日の報道発表だった。受章者の報道発表前、調書を提出した後で、文部省は「国文学」での授賞を想定していたことを知り、「口承文芸学」はどうなるか心配もした。しかし、発表は「口承文芸学」で、人ごとながら、念願がかなったという気持ちになったことを覚えている。（後略）[4]

今、口承文芸に見出される社会的意義は幅広く認められ、困難な局面で模索される英知として取り上げられることもある。口承文芸学が描く世界、野村夫妻が貫いた夢のバトンを渡された後学の我々は、その期待に如何に応えるべきだろうか。想いを巡らしていると、背筋が少しだけ、すっと伸びた。

「財産となる出会いにつかまった」。

多くの師や語り手との出会いが道を作ったと語る敬子先生のこの言葉に、私は大きく頷いた。「この研究をしていなかったら無かったであろう、ありがたい御縁がある」。だから、ふるさとでの講演に力を入れ、子どもたち、その親や先生たちに口承文芸学の面白さを伝えたい。文芸には語り手と聞き手、あなたと私という人間関係が含まれる。そこに人間であるという証を見出して、命は守られてきた。「口承文芸学」とはそういう人と人との学問なのだ。人々が何をどのように考えてきたのか、ふるさとからそういう研究を立ち上げていきたい――傘寿を迎えた敬子先生が抱くこれからの夢である。

今回の聞き書きで、苦しくても続けたことで乗り越えた山の先には開けた大地がある、と教えられた。命の原動力としての「声の文芸」は、我々の足元に横たわる生活を慈しみ、耳を傾けることから始まる。生活に煌めく命の深みや豊かさに目を留め、精いっぱい生きる尊さを、先生の背中は教えてくださった。そして、互いの研究を支えた野村純一・敬子夫妻の業績に散りばめられた「家族の物語」もまた、日本の文芸学史にとって欠かせぬ一つのピースであったと思う。

社会を豊かにできる誇りある学問として今後の展望に期待しつつ、この学問との出会いに感謝したい。

注

（1）鶴見俊輔は『限界芸術論』（ちくま学芸文庫、一九九九年）の中で芸術を「純粋芸術」「大衆芸術」「限界芸術」に分けた。限界芸術とは、人々の生活領域にある活動から生まれ、芸術と生活との境界線にあらわれる作品を指す。それらは非専門的芸術家によって作られ、非専門的享受者によって享受される。また、鶴見は限界芸術の先駆者として、柳田國男、柳宗悦、宮澤賢治を挙げる。

（2）『藝能』二十四巻十二号、一九八二年十二月。

（3）「出産の場と昔話の語り手—富樫イネの場合—」、名著出版、一九八四年。

（4）『口承文芸学への夢　野村純一先生追悼集』、野村純一先生追悼集刊行会、二〇〇八年。

「説話研究会」のＯＢ奥灘さん・根岸さん・内藤さん

論考

昔話の音声資料は郷土の文化遺産

関根綾子

一　昔話は言葉の音楽

二〇一九年十一月、「野村純一・敬子先生のどんぺからんこ—生き続ける昔話展」を見学した。主な展示物は、野村先生ご夫妻の写真と著作物、そして純一先生の採訪ノート、調査時の音声を収録したCDであった。

大学ノートを使用した採訪ノートには、敬子先生がテープ起こしをした昔話が記されていた。東京で生まれ育った純一先生が調査したテープを、真室川町で生まれ育った敬子先生がテープ起こしをする。そして純一先生は調査を基に昔話研究を進めていく。敬子先生は常々、純一先生が口承文芸学を作り上げたとおっしゃるが、正確にはお二人で作り上げたことがわかる。

そんなことを考えながら採訪ノートを繰っていると、純一先生と語り手の声が聞こえてきた。語り手の親族が会場に来たため、敬子先生が調査の音声CDを流したのだった。それを聞いた時、強い衝撃を受けた。目の前で昔話を聞いているような躍動感を感じたからだ。文字化された昔話は、きれいに整っているが、動きがない剥製のようなものだと思った。

佐々木徳夫氏は学生を連れて昔話の調査をした時、「サノさん（福島県伊達郡川俣町の菅野サノさん—筆者注）の語りは表現がとても豊かだ。擬声語・擬態語がポンポン飛び出し、全体に見事なリズム感がある。昔語りは言葉のリズム、言葉の音楽なのだと思った。[1]」と学生から聞いたことを記す。「昔話は言葉の音楽」とは、上手い表現である。まさにその通りである。これまで、テープ起こしをした昔話集を読み、昔話を理解したつもりでいた。だが、方言のニュアンスは文字で表現しにくい。また、話し言葉と書き言葉は異なる。そのため語りの場を文字で再現するのは難しい。頭では理解していたが、会場で純一先生と語り手との会話を聞いて、やはり文字で昔話の語りや語りの場を再現するのには限界があると再認識した。

特に音声でなければわからないと痛感したのは、歌である。語りの中に歌を入れる昔話がある。その歌を文字にする時、音律は消える。真室川町の沓沢ミノ媼が語る「胡瓜姫むかし」（瓜子織姫）を例に挙げてみよう。(2) この話では、機を織る時の歌が繰り返し出てくる。胡瓜姫が機を織る場面では、

どんて、機織のしたぐしてもらうと胡瓜姫

〽おお月　さあ月　こんごん月　つめの二十八
日　管ねたて　織りきる　どんきん　からん
おお月　さあ月　こんごん月　つめの二十八
日　管ねたて　織りきる　どんきん　からん
て、筬音つけで、じょんず（上手）に織る。

と、胡瓜姫が機織りをしている様子を歌で語る。この後、胡瓜姫を殺したあまのじゃくは、胡瓜姫に化けてお爺さんとお婆さんを出迎える。その時、お爺さんとお婆さんは異変に気づく。

あんまのしゃぐ、胡瓜姫ごのつら（顔）の皮、ずらりど剥いいで、わ（自分）被って、わ、爺ど婆んばのえ（家）さ戻って機織りしったど。機織り下手で、ドダリ、バダリ、ドダリ、バダリ、ど、機織り、下手だけど。爺と婆んば、あがって来て（仕事を終えてきて）

「なえだや、婆んば、胡瓜姫ご、機織りあんまり下手になったんでねがや。いっつも
〽おお月　さあ月　こんごん月　つめの二十八
日　管ねたて　織りきる　どんきん　からん
て、織るんでねがや。不思議だや、ドダリ、バダリ、ドダリバダリて、いうねがやぁ」

て、いう。

お爺さんが胡瓜姫の普段の機織りの様子を歌で表現していることがわかる。読めば、歌詞はわかる。しかし、どのような旋律なのか、また、胡瓜姫の時とお爺さんが歌った時の旋律に違いがあるのかはわからない。文字にすると、節が消えてしまうのだ。

これまで昔話は、文字で記録されてきた。多くの昔話集が出版されていることからもわかるだろう。確かに昔話の文字化には利点がある。音声を聴くための機械が不要で、どこでも読める。そして、方言を共通語で注記することで、方言がわからない人でも理解できる。

しかし、昔話は口頭で伝承されたものだ。文字では伝わらないこともある。昔話の音声資料を保存する意義を考えてみたい。

二　昔話の音声を記録する

近年では『老いの輝き　平成語り』[3]付録DVDのように、昔話を文字化するとともに、CDやDVDなどで音声や映像資料をつけることがある。今後も増え続けるだろう。

では、昔話の音声資料はいつ頃から資料集につけられるようになったのか。国会図書館リサーチで調査した。[4]最も早く出版されたのは、一九六八年の『昔話研究資料叢書一　蒜山盆地の昔話』[5]であった。『昔話研究資料叢書』は、合計二四巻（一八巻と別巻六巻）からなる昔話集の叢書である。巻ごとに編者が異なり、それぞれの編者が地域（語り手）で調査した昔話をテープ起こししている。第一期の一巻目から一二巻目と別冊三（一九六八年～一九七五年に発行）には、各巻にソノシートがつけられ、昔話の音声が収録されている。一九六九年には、新潟県の水沢謙一が『赤い聞耳ずきん』[6]を発行、一九七三年には島尾敏雄が『東北と奄美の昔ばなし』[7]を発行し、昔話の音声も収録した。行政の資料集では『新潟県史　資料編二二―民俗・文化財一』（一九八二年）と『新潟県史　資料編二三―民俗・文化財二』（一九八四年）[8]が昔話の音声もつけた。いずれもソノシートである。

一九九〇年頃から、記録媒体がソノシートから変化する。カセットテープ、そしてCD、DVDになった。それにより、音声、映像つきの資料集が増加する。また近年では、インターネットの「東アジア民話データベース」のように、各地の昔話の音声を公開することもある(9)。

　一九九〇年頃までも昔話集は多く刊行されてきたが、音声資料をつけようとする動きは少なかった。その要因はいくつかあるだろうが、二つ挙げる。

　一つには、金銭的な問題があったと思われる。田畑千秋氏は、一九七四年発行の『伝承文芸一一』(10)の「後記」で、「話をそのまま、この本を読んで下さる人にもと思い、ソノシートを附録としようとしたが一枚四百円はかかると聞き、残念ではあったが貧乏学生の予算ではどうにもならなかった。」と、金銭的な理由から音声資料は断念したと記す。『伝承文芸』は國學院大學民俗文学研究会の調査報告書である。学生が編集、発行しているため、予算がなかったらしい。ただ、昔話集を自費出版したのは、学生だけではない。純一先生や山形県南部で調査をした武田正氏のような研究者もそうであった。東北文教大学短期大学部民話研究センターのホームページ(11)では、「山形県民話資料・年表」を公開している。それを見ると、大手出版社が昔話集を発行することもあるが、自費出版も多いことがわかる。研究者も昔話集を出版する際、資金面で苦労したのではないか。

　純一先生は『定本　関澤幸右衛門昔話集』の巻頭で、「『定本　関澤幸右衛門昔話集』として、改めて別途一冊用意した。併せて旧版『萩野才兵衛昔話集』『吹谷松兵衛昔話集』を収載した。かつての日、いずれもタイプ版で発表した資料集である。これがため部数はせいぜい三百部が限度であった(12)。」と記す。この本に収録されている『関澤幸右衛門昔話集』（一九七〇年）、『萩野才兵衛昔話集』（一九六七年）、『吹谷松兵衛昔話集』（一九七二年）はすべて自費出版であり、三〇〇部しか印刷されなかったと述べる。また、武田正氏も、「昔話を聴きに行くと、決まって次にお邪魔するまでには、それを何とかガリ版にしてというようなことで、ガリ版を作って次のお願いに行く時には、十冊ぐらい持って行くと、大変喜んでくれたというようなことがありまして、そういうのをずっとその後も続けてきたという状況があります。[13]」と、ガリ版印刷で昔話集を作り、語り手に渡した思い出を語る。

昔話集の編者達は、昔話の音声資料をつけたい気持ちはあったかもしれない。だが、現実的な問題として、高額なソノシートの付録をつけることが難しかったと思われる。

もう一つの要因としては、昔話は言語伝承や声の文学と言われながらも、音声を資料として考えなかったからだと思われる。これまでも調査で聞いた昔話をどう記述するか、語りの場をどう表現するかに関しては議論されてきた。しかし、昔話の音声資料をどう扱うかに関しては、十分な議論がされてこなかった。

昔話の音声を活用しようとしたのは方言学だった。『昔話研究資料叢書』第一期（第一巻〜第一二巻）の巻末では、ソノシートに収録した昔話がすべてカタカナで文字化されている。題名は「〇〇方言資料」、「〇〇の昔話方言資料」（〇には調査地が入る）である。ソノシートは、方言の資料として活用する目的で収録されたことがわかる。『蒜山盆地の昔話』（第一巻）の凡例でも「この資料は、本書巻末に付したソノシートを、方言資料としても活用すべく、できるだけ正確に文字化することを試みたものである。」と目的を明記する。[14] そして、「方言資料」を担当したのは、『飯豊山麓の昔話』（第一〇巻）の武田正氏を除くと、すべて方言学者である。『越中射水の昔話』（第六巻）で方言資料を担当した岩井隆盛氏は、凡例で「文字化を依頼されたテープには、録音のはっきりしない点がある。」と記している。方言学者達は、依頼されて昔話を文字化したことがわかる。

『昔話研究資料叢書』の第一巻が刊行された二年前、『全国方言資料』シリーズが刊行されはじめた。[15] このシリーズには、地方ごとの方言とそれを録音したソノシートがつけられている。『昔話研究資料叢書』で昔話の音声を収録したソノシートがつけられた理由は、今後精査していかなければならないが、方言学者の関与がわかる。

ただ、昔話を方言資料に利用できると考えたのは、『昔話研究資料叢書』だけではない。柳田國男も説いている。柳田國男は一九三三年に刊行した『昔話採集の栞』の「昔話と方言」[16]で、「昔話採集の副産物として、各地方の言語事実が明かになることは、其方面の研究者たちからも、喜ばれてよいことだと思ふ。是は別段余計の手数をかけるわけで無く、成るべく事実有りのまゝに記録をしようとすると、自然に土地の言葉が入つて来る」や「其土地にしか無い言葉、又は簡単な対訳では意味と用法との呑込みにくい方言は、歌や諺よりも昔話の如き丁寧な繰返しによつて、実際の場合を知ることが多いのである。」と、昔話は方言で語られ、同じ言葉を繰り返し使うという特徴があるため、方言資料に使えると考えた。

昔話集は自費出版が多かったため、ソノシートをつける余裕がなかった。また、つけたとしても、最初は、昔話の音声を記録保存するためではなく、方言の資料として活用することが想定されていた。そのためか、CDやDVDが市場に出回り、昔話の音声が昔話集の付録につけられるようになっても、昔話の音声に関する研究は進まなかった。

三　昔話調査資料で調査の追体験

これまで見てきたように、昔話の音声資料はあった。ただ、方言研究の資料とすることが想定されたため、語り手の口調などの音声は重要視されなかった。

確かに、語り手の様子は文章で読むことが出来ることもある。例えば、純一先生は沓沢ミノ媼の語りを「ミノ媼の語り口はいつもゆったりとしており、それでいて確かで、しかも全体に抑揚に富み、いたるところに擬態語と擬声語がみられた[17]」と表現する。また、新潟県長岡市（旧・栃尾市吹谷）の桜井ヨシ媼については、「私の知る限り、それまでの桜井ヨシはいつもしゃんとした昔話の語り手であった。語り手というよりも、この人の場合にはやはり古風な伝承者といった方がよりふさわしかった。『八十を越してからは、おら、自分にも気の衰えが判っていやだ』、そういいいいしながらも、彼女は〝松兵衛〟の囲炉裏端に不自由な上肢を延ばして、得意のむかしを語ってくれた。私の相槌では気に入らなくて、そういうときには必ず〝松兵衛〟の彰君の爽快、闊達な『サァーンスケ』を要求した。無駄話の嫌いな、それでいて温雅な中にも矍鑠とした語り口を示す人であった」[18]と記す。これらの文章からは、語り手の語り口や調査の場が想像できる。ただし、これは純一先生の感じ方である。調査テープを聞き、違う視点から見ることも出来るのではないか。

純一先生が調査をはじめた一九六〇年代後半頃の日本は、高度成長期であった。社会の変化により、家庭内や地域での語りは減少し、伝統的な語り手が少なくなっていった時代である。そのような頃、純一先生は各地で昔話の調査をした。『増補改訂 吹谷松兵衛昔話集』では、前述した長岡市の桜井ヨシ媼の最も近い親戚である「松兵衛」が、栃尾の市街地に移住し、町では家の通称である「松兵衛」ではなく名字を名乗ることになったと記す[19]。町に移住したことで、屋号の伝承は途絶えたのである。

そのような状況をつぶさに見聞きした純一先生は、一九七八年に語り手研究をする意義を次のように述べる。

それというのも、これまでわが国の昔話研究とその歴史の中で、おそらくはこれからも看過し得ぬいくたりかの語り手は、思いつくままに挙げてみても『祖母百談』の阪谷恭子、『加無波良夜譚』の牧野悦、『甲斐昔話集』の土橋くら、『とんと昔があったげど』の長島ツル、『くったんじいの話』の栗田仙吉。そして、私自身の接してきた語り手では『関澤幸右衛門昔話集』の沓沢ミノ、『吹谷松兵衛昔話集』の桜井ヨシ、といった具合にこれらの人々は、いずれも天保二（一八三一）年以後、明治十六（一八八三）年までに生まれた人たちであった。つまり、ひとしく明治中期以前に生を享けた方々であり、しかも今は一様に鬼籍に入られた語り手たちなのであった。要するに、これらの人々に限って言うならば、口惜しくもここでの語りの復元、再構成、また再確認はすでにして不可能であり、その口から直接得られる資料を元にしての語り手論は、最早永遠に叶えられないのである。それからして、ここに同じく危惧するのは、今に在る有力な昔話の語り手についても、現況ではいずれ近い将来に取返しのつかぬ事態を惹起するという、不幸な予測に繫る。こう察することで、今後はいかがしても、これまでの轍は踏みたくはない。そこで頻りにここでの命題に固執するのである。[20]

純一先生の焦りが読み取れる。今やらなければ消えてしまうという使命感から、精力的に調査をしたのだろう。

筆者が学生であった一九九〇年代後半には、夏休みや春休みなどの長期休暇を利用して地方へ調査に行っても、昔話が聞けないことの方が多かった。地元の人からは、昔話をよく知っているお婆さんがいたが、数年前に亡くなったと言われ、がっかりして宿に帰ったものだ。純一先生に昔話の語り手に出会えないことを嘆いた時、昔話の調査というのは、語り手から昔話を聴くだけではない。地方の図書館には、地元の人が聞き取り調査をし、発行部数が少ないために東京では読めない昔話集がある。それを読むことも調査だと言われた。つまり、自らが調査することに固執するのではなく、追体験し学ぶことも重要だと教えられた。

現在、純一先生が調査で出会ったような、江戸時代後期や明治時代に生まれた語り手はいない。しかし、純一先生の残した音声資料を聞き、追体験することは出来る。純一先生は何人もの優れた語り手に出会い、調査してきた。その成果は多くの資料集や著書として残されているが、調査では聞いていても、取り上げなかったものもあるだろう。それらから、新しい発見があるかもしれない。

四　昔話音声資料は文化遺産

これまで昔話の研究をする立場から、音声資料を保存する必要性を述べてきたが、語りの継承という面からも考えてみたい。音声資料は、地域の昔話を語り継ぐためにも必要だと考える。土地の昔話を伝承しようとする新たな語り手達は、伝統的な語りを聞くことにより、本だけでは学べないことを知ることが出来るのだ。
近年、各地に語り手の会が発足し、地元の昔話を語り伝えている。真室川町でも小学生が地元の昔話を聞いたり、昔話を紙芝居にしたりしている(21)。現在はまだ、幼い頃に昔話を聴いた、伝統的な語り手がいるが、将来的には難しいだろう。地元の昔話を語ろうとすると、本を読んで勉強するしか方法がなくなる可能性もある。しかし、昔話集は書かれたものであり、語り口や歌の音律はわからない。また、昔話は話だけがあるのではない。語りの場では、話が語られる前後に、土地の民俗や語り手がその話をどのように聞いたか、そしてどう受け取り、記憶しているのかなど、話の背景にあるものも話される。それを聞くことで、土地の民俗や語り手の心情も継承出来るのではないか。
花部英雄氏は、一九九九年に今後の昔話研究について次のように述べる。

昔話の文字テキストにだけこだわることなく、オーラルな面からの研究も進めていかなければならない。そのためにこれまでの調査によって得られたテープ類の、総合的な収集と整理、管理を早急に行なわなければならない。国立の口承文芸の研究資料センターの設立を待っているうちにテープの寿命がきてしまう。これまで調査研究に関わってきた者には、それらを民族の遺産として確かに後世に引き渡す責任と使命が残されている(22)。

花部英雄氏がこの文章を書いたのは、約二〇年前のことである。しかし、状況は現在も変わっていない。未だに昔話の音声資料の収集、整理、管理は十分になされていない。調査のテープは年を経るごとに劣化し、いずれ聞けなくなる。また、調査者が亡くなり、テープの所在が不明になることがある。そして、災害でテープがなくなることもある。実際に東日本大震災による津波で、テープ起こしをしていないまま保存していた調査テープが流されてしまったと聞いたことがある。一度失ってしまったものは二度と戻ってこない。将来のためにも、昔話の音声資料を保存する手段を検討する必要があるのではないか。昔話の音声資料は、郷土の文化遺産である。大切に継承するべきであろう。

注

（1）佐々木徳夫「川俣町採訪記」『われ成り成りて―昔話採集家の人生手帖―』佐々木徳夫ふるさとの会、二〇〇一年。

（2）野村純一編・清野照夫写真『定本　関澤幸右衛門昔話集―「イエ」を巡る日本の昔話記録―』瑞木書房、二〇〇七年。

（3）野村敬子・杉浦邦子編『老いの輝き　平成語り―山形県真室川町―』瑞木書房、二〇一八年。

（4）「昔話」で検索し、データベースを「録音・映像関係資料」で絞り込んだ。

（5）稲田浩二・福田晃編『昔話研究資料叢書一　蒜山盆地の昔話』三弥井書店、一九六八年。

（6）水沢謙一『赤い聞耳ずきん―下条登美（64才）の語る二百五十一話―』野島出版、一九六九年。

（7）島尾敏雄『東北と奄美の昔ばなし』創樹社、一九七三年。

（8）『新潟県史　資料編二二―民俗・文化財一』、一九八二年、『新潟県史　資料編二三―民俗・文化財二』、一九八四年。

（9）東アジア民話データベース作成委員会「東アジア民話データベース」http://minwadata.fm.senshu-u.ac.jp/EastAsiaMinwaDB/about/index.html。また、国立民族学博物館には、稲田浩二氏を中心としたグループの調査テープがデジタル化され、「日本昔話資料：稲田浩二コレクション」として保存されている。

（10）國學院大学民俗文学研究会編集委員会編『伝承文芸一一　由利地方昔話集』自刊、一九七四年。

（11）東北文教大学短期大学部民話研究センター　http://www.t-bunkyo.jp/library/minwa/minwa.htm。

（12）前掲注（2）「還を知る心持ち」。

（13）武田正「昔話の語り手と聞き手」国立歴史民俗博物館編『国立歴史民俗博物館研究報告』一六五号、二〇一一年。

（14）ただし、凡例の最後の条では「なお、資料全体に、かたりの口調がみとめられるため、本資料を方言アクセントの資料として使用する際には、かなり慎重な手だてが必要とされる。」（文字化責任者　室山敏昭）と、方言アクセント資料には向いていないとの考えを記す。

(15) 日本放送協会編『全国方言資料』（全一一巻）、日本放送出版協会、一九六六年〜一九七二年。

(16)『柳田國男全集』第二二巻、筑摩書房、二〇一〇年（『昔話採集の栞』は梓書房、一九三三年）。

(17) 野村純一「水神少童の来る日」『昔話伝承の研究』同朋舎出版、一九八四年（『野村純一著作集第一巻』清文堂出版、二〇一〇年）。

(18) 前掲注（2）『増補改訂　吹谷松兵衛昔話集』「一統の昔話」。

(19) 前掲注（2）『増補改訂　吹谷松兵衛昔話集』「追日『吹谷松兵衛昔話集』」。

(20) 前掲注（17）野村純一「昔話の管理・伝承権」。

(21) 前掲注（3）「真室川過去・現在・未来」。

(22) 花部英雄「昔話調査・研究の現在とこれから」『国文学―解釈と教材の研究―』一九九九年一二月号。

大型テープを再生CDに、語り手の縁者たちと聴く

昔話採集に使った録音器

論考

〈親子杉〉にみる〈むがし〉と〈伝説〉と
―野村敬子編『真室川の昔話』の「狐むがし」から―

根岸英之

一　國學院大學の門を叩く

昭和から平成に代わる前年の一九八八（昭和六三）年四月、民俗学―ことに口承文芸―と国文学を学究したく、國學院大學文学部文学科に入学した。入学前に、地元の図書館で野村純一教授の編著書を読み、入学後すぐに、野村教授が顧問を務める説話研究会と、井之口章次講師が顧問を務める民俗学研究会の門を叩いた[1]。

説話研究会は、年始挨拶に、野村教授のお宅と、野村教授の師匠に当たる臼田甚五郎名誉教授のお宅に伺うのが恒例になっていた。野村教授のお宅で穏やかに迎えて下さるのが野村敬子さんであった。敬子さんとは、千葉県市川市で活動する行徳昔話の会の機関誌に寄稿されたり[2]、千葉県船橋市で開催された「ふなばし・民話フェスティバル」で、韓国の語り手・金基英《キムキヨン》さんを応援する、市井の研究家という姿として対面することもあった[3]。

純一教授の学問は、『昔話伝承の研究』（一九八四年、同朋舎出版）を通して吸収した。そこには、新潟県栃尾市や山形県最上地方（新庄市・真室川町）のフィールドワークや資料集を元に、「語り」と「語り手」の感触を保持した上で、口承文芸の伝承の論理化を図る立場を鮮明に看取した。敬子さんの業績は、野村純一編『昔話の語り手』（一九八三年、法政大学出版局）に収められた、「修験影響下の語り手―富樫豊」が最初だった。真室川町の能弁な語り手の特色を、その家柄から論述したものである。

こうして、お二人の学問の胎動期に、敬子さんの生まれ故郷の真室川でのフィールドワークが、重要な位置を占めていることを認めた。しかし、ついぞ訪れる機会を逸してきた。

二　〈親子杉〉を語って

時は流れ、平成から令和に代わった二〇一九（令和元）年一〇月、真室川町で「野村純一・敬子先生のどんぺからんこ　生き続ける昔話展」と記念イベントがあることを知る。敬子さんにお電話したところ、前日から一団で見学するとのこと。運よく日程が合ったので、同行させていただくことにした。

親子杉を語る筆者（内藤浩誉氏提供）

一〇月一一日金曜午後、初めて真室川駅に降り立ち、着物姿の敬子さんに迎えられる。しばらくぶりの方、初めましての方々とともに、町のバスに乗り込み、歴史民俗資料館の梁瀬平吉館長の案内で、歴史民俗資料館、新町《あらまち》の旧家や正源寺、新田平岡の山神社などを見て、夕刻、まむろ川温泉梅里苑へ。

夕食の夜語り交流会では、銘々にマイクが回るなか、私は語りもしているので、自己紹介の後は、行きの新幹線の中で仕込んだ「親子杉」を語らせていただいた。野村敬子編『真室川の昔話　鮭の大助』（一九八一年、桜楓社）所収の新町の富樫イネ嫗（明治三四年生まれ）の「狐むがし」に拠った。イネ嫗は豊翁の実姉である。

この話を選んだのは、見学する新町で伝承され、その事物が今でも遺っている点、町の衆と狐の親密さが感じられる点、イネ嫗の伝承の背後には産婆の存在が想定され、この話には狐のお産の様子が語り込まれている点などからであった。紙幅の関係から、おおよそを抜粋し紹介する。

狐むがし

むがし、むがし。

人と狐じゃしょうでん（昔）には、うんと仲が良がったもんですと。鮭延《さけのべ》の殿様の時代には、親子の狐こ達が人を助けでけったりしたもんだったたと。（略）

ある年な、狐が子を持って、今にも産しそうな、落ぢそうだ腹しているなば見つけだど。そんで、新町衆は油揚げ飯だおふかし（赤飯）だと苞《つと》こさ入れで「ほら、狐や。おぼごなし（お産）見舞だ」て、供えで道端さおいでくったど。それで無事に安産したもんだべ、三匹の親子狐で歩ぐようになったど。

そうやってだ時、村に悪い病気が流行しただど。人がばだばだじゅうもんで（片端から死ぬ）困って、（略）それごそ様々な神さんさ御願《おねげ》ばして、おすがりしてだど、（略）ほんでもな、病気はなかなが治らねくて、村の人達は青ぐなったどは。

ある夜な、新町の庄屋様のおやがっつぁんの枕元さ枕神が立ったど。（略）

「俺は裏山に棲んでいる親子の狐だ。今迄村の人達がらめごがらって（愛されて）無事に丈夫な赤こ（赤ん坊）狐も産んで、丈夫に育ってきた。（略）その礼に、親子三匹で俺達が悪い病を村がら追っ払ってくへる。これがらも病気が村さ入らねよに、自分達の親子で身をもってお護りしあす」ど、こう言うわげ。そして、それっきり忽ぢ三匹の狐になって、走ってってしまったどごですと。ほんで「ずい分不思議な夢ば見だもんだ」ど思っていました。

それからずうっとして、道ば歩いった人が村境いで三匹の狐が死んでいるなば見つけだけど。それば聞いで「あゝ、あの夢は本当の枕神だったべ（略）」ど、村の庄屋のおやがっつぁんはやっと気がついたけもんで（略）村の皆なに教えだ。

そんで、村境の新町から野々村さ行く処の塩野のどさ三匹ば穴を掘って土をかけで埋めだ。その後さ、村の人達は杉の苗を植えだどご。したらば、なんと、その木がどんどん、どんどん一夜で伸びるな。そして、これまだ不思議だごどに、一本の杉の根っこから、三本の杉の木が生えでな。親子の狐ば囲んで生えでおがって（伸びて）いぎあんした。（略）

それがいかにも哀れなもんで、杉の木ん下さ石の神様ば祠って、親子杉どんておまつりして、伐ったりはしていないで置いでいるなだど。杉の木切るど血が出るて、誰れも粗々に扱ったりはしねもんです。

どんぺからこ・ねけど。

親子杉（渡部・黒田・野村・杉浦）

交流会での語りは、親子杉の近くで育ったという新田降治町長も聴いてくださり、「子どもの頃から杉の周りで何気なく遊んでいたけれど、改めて価値を見直した」と、声をかけて下さった。真室川の外部の語り手が、昔話集を元に、真室川の方に「語り」を聴いてもらう、という正に〝令和の民話語り〟の一端を形成したといえよう。

三 〈親子杉〉を訪ねて

ところで、私はまだ、親子杉を実見せずに語っていた。翌日、全ての記念イベントが終わり、予定の電車まで時間が空いたので、梁瀬館長に教えられた地図を頼りに、親子杉を見るべく、登り道を南町に赴いた。空地の一角に丸く繋って立っていて、傍らには「南町の親子杉（村を救った親子ギツネの伝説）」と記された案内板も設置されていた（写真参照）。「庄屋のおばあさんが夢を見て村人に探させた」と

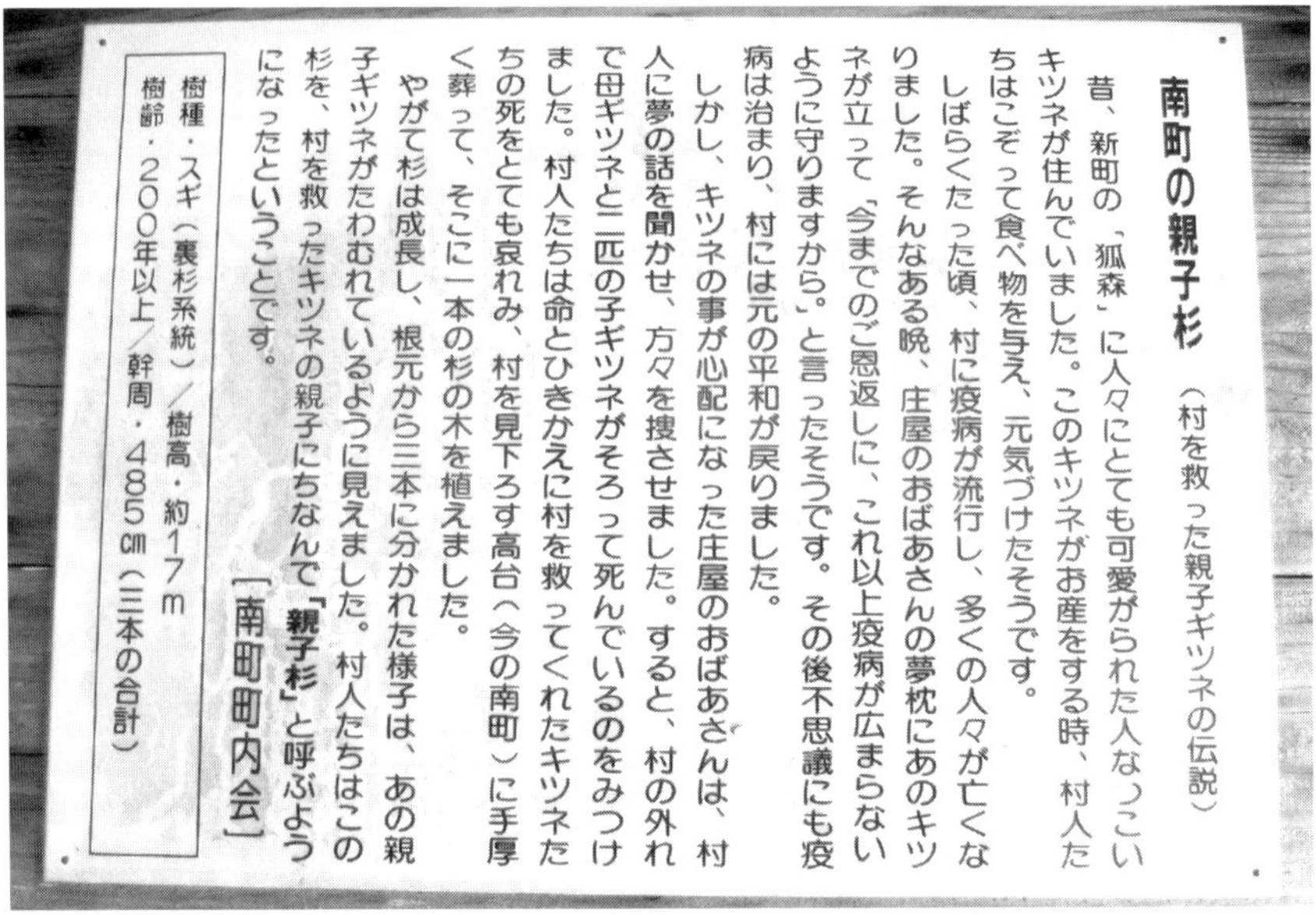
南町の親子杉
（村を救った親子ギツネの伝説）
昔、新町の「狐森」に人々にとても可愛がられた人なつこいキツネが住んでいました。このキツネがお産をする時、村人たちはこぞって食べ物を与え、元気づけたそうです。
しばらくたった頃、村に疫病が流行し、多くの人々が亡くなりました。そんなある晩、庄屋のおばあさんの夢枕にあのキツネが立って「今までのご恩返しに、これ以上疫病が広まらないように守りますから。」と言ったそうです。その後不思議にも疫病は治まり、村には元の平和が戻りました。
しかし、キツネの事が心配になった庄屋のおばあさんは、村人に夢の話を聞かせ、方々を捜させました。すると、村の外れで母ギツネと二匹の子ギツネがそろって死んでいるのをみつけました。村人たちは命とひきかえに村を救ってくれたキツネたちの死をとても哀れみ、村を見下ろす高台（今の南町）に手厚く葬って、そこに一本の杉の木を植えました。
やがて杉は成長し、根元から三本に分かれた様子は、あの親子ギツネがたわむれているように見えました。村人たちはこの杉を、村を救ったキツネの親子にちなんで「親子杉」と呼ぶようになったということです。
【南町町内会】
樹種・スギ（裏杉系統）／樹高・約17m
樹齢・200年以上／幹周・485cm（三本の合計）
「南町の親子杉」案内板（佐藤喜典氏提供）

する点に相違のあるほかは、大意は変わりない。

また、真室川町歴史研究会編『真室川の伝説』（二〇一七年、真室川町歴史研究会）には、安彦好重『出羽今昔物語』（一九五五年、誌趣会　のち一九七九年、歴史図書社）を典拠に、イネ媼の語りとほぼ同じ内容の話が収められる。そこでは、

今は昔、鮭延の殿様の時代です。

と説き起こされ、

こんこ狐さん　こ狐さん
油揚やろか　まんまやろか
こんこ子守歌歌ってやろか

とわらべ唄が添えられている。

親子杉は、口承文芸の分類上は〈伝説〉であり、案内板に〈伝説〉と銘打たれることも、『真室川の伝説』に収められることも、何ら差し障りはない。

しかし、「案内板」や『真室川の伝説』で、この話

を享受するのと、敬子さんが記録したイネ媼の語り資料で享受するのとでは、どこか差異が存するように思えるのである。

四　富樫イネ媼の「語り」の様態

そのように感じさせるのは、那辺にあるのだろうか。

一番の大きな差異は、イネ媼の資料は、「語り」の姿を留めていることだろう。「解説」には、「翻字にあたっては、媼の古態を留める語り口の味わいを大切に、出来る限り語りの場に忠実な表現をするようにした」とある。

また、「媼の掌握する語りが、学術的な昔話、伝説、神話などの分野に亘りそれらを同じ認識で「むがし」と呼ぶ、その現実を踏まえての試みである。しかも、媼の「むがし」の語りの場においては、昔話と全く同じに扱われる」とも解説される。これはイネ媼に限ったことでなく、真室川の全域的な傾向である。「むがし、むがし。」で始まり「どんぺからこ・ねけど。」と語り収める〈昔話〉の衣をまといつつ、「しょうでん（昔）には」「鮭延の殿様の時代には」と歴史軸を設定し、「杉の木ん下さ石の神様ば祠って、親子杉どんておまつりして」と事物の由来を説く〈伝説〉「語り」になっている。「鮭延の殿様」とは、戦国時代から江戸時代初期にこの地を治めていた城主である。

さらに、イネ媼の「語り」には、歴史的過去というより、語り手たちの身近な出来事を語る〈世間話〉的な「語り口」が醸し出される。狐のお産に対する新町衆の見舞、病気に難儀する村人達の動揺、枕神の立った庄屋様の動向、三匹の狐を埋め杉を植えた村の者の哀れみなどが、あたかもつい数世代前ころに起こった出来事のように緻密に語り込まれている。本資料集の臼田甚五郎「序」で「現実感のなま〳〵しさ」と言挙げされていることに通底するものといえよう。

敬子さんは、イネ媼の伝承の背後に、濃密な地縁血縁関係と、同じ邑落内の分家に嫁した点を挙げるが、この語りには、そうした話の舞台になった「新町」の村内で、「語り手」にも「聴き手」にも自分達の身近な話柄として、緊密に語り継がれて来たであろう堆積性を感じるのである。さらに、お産見舞や枕神のリアリティは、イネ媼の元に渡るまでに、信心深い語り手の介在や「おぼこなさせ婆」の存在を想定させる。

『真室川の昔話』には、実に一〇話の「狐むがし」が収載されているが（内二話は豊翁の話）、「山伏狐」「見るなの座敷」「川獺《かわうそ》と狐」のような〈昔話〉の話型に分類されるものも、新町、塩野、正源寺、川の内といった近辺の地名を舞台に語られている。〈親子杉〉の〈むがし〉も、こうした〈世間話〉的伝承様態のなかに、捉える必要があるといえよう。

新型コロナウィルスが流行した昨今、真室川の〈親子杉〉は、狐が防疫を防いだ〈伝説〉の事物として、新たな価値が付与されて、認知が深まっていくであろう。そのとき、敬子さんが遺してくれたイネ媼の『真室川の昔話』における、〈昔話〉〈伝説〉〈世間話〉が混然一体となった〈むがし〉としての伝承の様態についても、気配りして伝わっていってほしいと願うものである。(4)

注

（1）拙稿「一九八八（昭和六三）年度から一九九一（平成三）年度までの野村純一先生」『口承文芸学への夢　野村純一先生追悼集』（二〇〇八年、野村純一先生追悼集刊行会）。

（2）野村敬子「お母さんの民俗誌」『季刊行徳昔語り』三一号（一九八七年、行徳昔話の会）。本稿は、内藤浩誉「野村敬子書誌」石井正己編『戦争・女性・昔話』（二〇一九年、東京学芸大学）から漏れており、その補遺も兼ねて紹介する。

（3）野村敬子編・藤田のりとし絵『キムさんの韓国民話』（二〇〇一年、星の環会）。

（4）野村敬子「女性実業家・庄司房江さん」野村敬子・杉浦邦子編『老いの輝き 平成語り 山形県真室川町』（二〇一八年、瑞木書房）には、新町育ちの庄司さんによる「新町村の狐」の語りが収められ、イネ媼の〈むがし〉の伝承様態の継続性が伺える。

國學院大學説話研究会の仲間たち

野村敬子

『國語と國文學』昭和四十八年十一月号に臼田甚五郎先生は次のような文章を書かれた。「天人女房の昔話をめぐって―口承文芸研究の問題―」の冒頭を引用してみる。

はしがき

口承文芸、つまり、口頭で伝承される文芸は、日本の文芸の中でも、文芸の源流につらなる文芸形態として極めて重要なものである。それは分かりきつたことのやうであるけれども、国文学者が口承文芸に正当な座を与へてゐるかといふと、まだまだはるかにへだたりを感じさせる。大学の講座で、口承文芸を設けてゐるのは、五指に足るまい。国文学研究資料館を設立する準備過程において、文献に併せて、口承文芸も収集・記録・保存の緊急必要なことを主張した。納得していただけた面もあるが、同館が発足してみると、現況では口承文芸に関する方は無理である。同館を構成する大黒柱の文献資料部は第一、第二、第三の文献資料室に分れ、それぞれ第一は主として古代における―、第二は主として中世における―、第三は主として近世における―〈国文学に関する文献その他の資料の調査研究および収集を行なう。〉といふことになつてゐる。やる気になれば、〈その他の資料〉でやれないことはない。先づ国文学研究資料館創設を達成するためには、私も多少その気になつたが、やはりそ

臼田甚五郎先生

れでは真正面から対処されず、疎外者の感を免れまい。口承文芸調査研究の緊急性は痛切なものがある。片隅の座ですまされるものではない。どうしても、堂々とした処遇を以て対すべきものである。それには、やはり「口承文芸研究センター」を国立の機構として設ける必要がある。人口わづかに四百七十万の芬蘭でさへ、私が訪れた八年前のことだが、芬蘭文学協会に年二億八千万を支出して、カレワラ・民謡・昔話・諺などの口承文芸の調査研究にあててゐた。かかる調査はランドット博士が手をつけてから百余年も続いてゐるのだ。

我が国にも「口承文芸研究センター」の設立されることを念じながら本稿の筆を進める。

石井正己先生のご講演で紹介頂いたように、私たちは國學院大學教授臼田甚五郎先生に教えを頂いた。

臼田先生は実に熱心な口承文芸の研究者であった。引用の文章を読むたびに私は胸が熱くなる。臼田先生は教え子たちに熱く文学の原点に関わる口承文芸の大切さを説かれた。採訪旅行の中における発見の重要さを自らお示しになられた。日本の学問における主体的な口承文芸研究の大切さを教えていただいた。現在も存続している「國學院大學説話研究会」の顧問として、たくさんの教え子たちを指導された。野村純一も同大学在職中、先生と共に顧問をつとめた。この度、私共の展示会には臼田門下の懐かしい方々がお出かけくださった。

「ああ、遠かった。」と、会場に入って来られた宮崎県から飛行機を乗り継いで来られた矢口裕康・貴子御夫妻。今度の展示・講演・イベント語りには懐かしい説話研究会の皆さんに声を掛けて下さったという。

野村純一若い頃の採訪姿（清野照夫撮影）

「昨日は瀬見温泉で説話研究会の同窓会をしました。楽しかったです。栃木県の佐野から来ました。」と、小鮒一明さん。佐野女子高校に勤められていると伺ってから、随分長い歳月が流れたが、優しいまなざしは以前のまま。

矢口貴子さんと親しかった小山ちづかさんと沼尻悦子さんもご一緒。ちづかさんは恩師臼田先生のお嬢さんである。確か「地蔵説話研究―今昔物語集から―」を卒業論文に選ばれ、悦子さんは「富士山麓の曽我伝説」を扱われたと記憶している。矢口貴子さんは故郷の「弥五郎伝説の研究」を手がけられた。彼女たちは國學院大學84期の輝く女星たちであった。

角川書店で『日本昔話大成』全12巻の編集に当られた粂智子さんのお顔もみえた。彼女は関敬吾先生と野村の間を行き来して、野村の片腕として働いて下さった。粂さんのご協力なしで全12巻の膨大な資料整理は叶わなかったに違いない。懐かしさが、有難さがこみ上げた。

横浜からおいでの近藤雅尚さんは私共が仲人をつとめさせて頂いた。結婚後も口承文芸の学問を続けるならばというのが野村の条件であった。が、忙しい高校教諭の仕事中で研究継続は大変なことであったに違いない。

山形県鶴岡市からお出かけ下さった瀬尾治さんからは、展示の前夜、『山形新聞』にお書き下さった石井正己先生の記事「真室川の昔話展を前に」を送って頂いた。山形県教育庁にお勤めと伺っていたが、随分久方ぶりの対面であった。そういえば野村は瀬尾さんの結婚式に招かれ、祝宴が翌朝まで継ぐ民俗に大いに驚いて帰宅したものであった。

説話研究会の皆さまに対面しての思い出は尽きない。皆様の学生時代の姿は、会場に並んだ野村の「採訪手帳」に折々しっかりと記されている筈である。本書に寄稿頂いた矢口裕康さん、奥灘久美子さん、根岸英之さん、内藤浩誉さん、清野知子さん、関根綾子さんも説話研究会の仲間たちである。

矢口裕康さんには野村の葬儀で、最も古い教え子としてお別れの言葉を頂いた。矢口さんの口承文芸研究への想いは深く、教え子としては一番遠方にあたる宮崎市の大学で歩みを進められた。当時の九州では口承文芸への理解者は少なく、矢口さんはその普及と理解に多くの情熱をもって当られた。その独自の実践的方法は「たった一人の戦い」にも見えた。個性の強い矢口さんは多面的な実践で人間関係の地平を拓いていく。本書に寄せられた文章には、矢口さんを発見して下さった宮崎の風土における人びとの姿が浮き彫りになる。幼児教育、身体の不自由な方々との実践に独自の口承文芸ならではの可能性が導かれる。配偶者の貴子さんは点字をマスターして提供。見事な二人三脚。鮮やかな二人の立ち位置に私は感動するのであった。

固有の実践には、既成の教育と轍の跡がずれる研究領域も生み出して行く。それは即ち文献至上主義の学問世間に棹さした、臼田甚五郎先生経由野村純一の流儀ではなかったか。矢口さんの現実に限りなく寄り添う、学問方法・人間くさい研究羅針盤に「野村学」と名付けられたと私は読みとっている。当寄稿は本書にこそ似付かわしいのである。

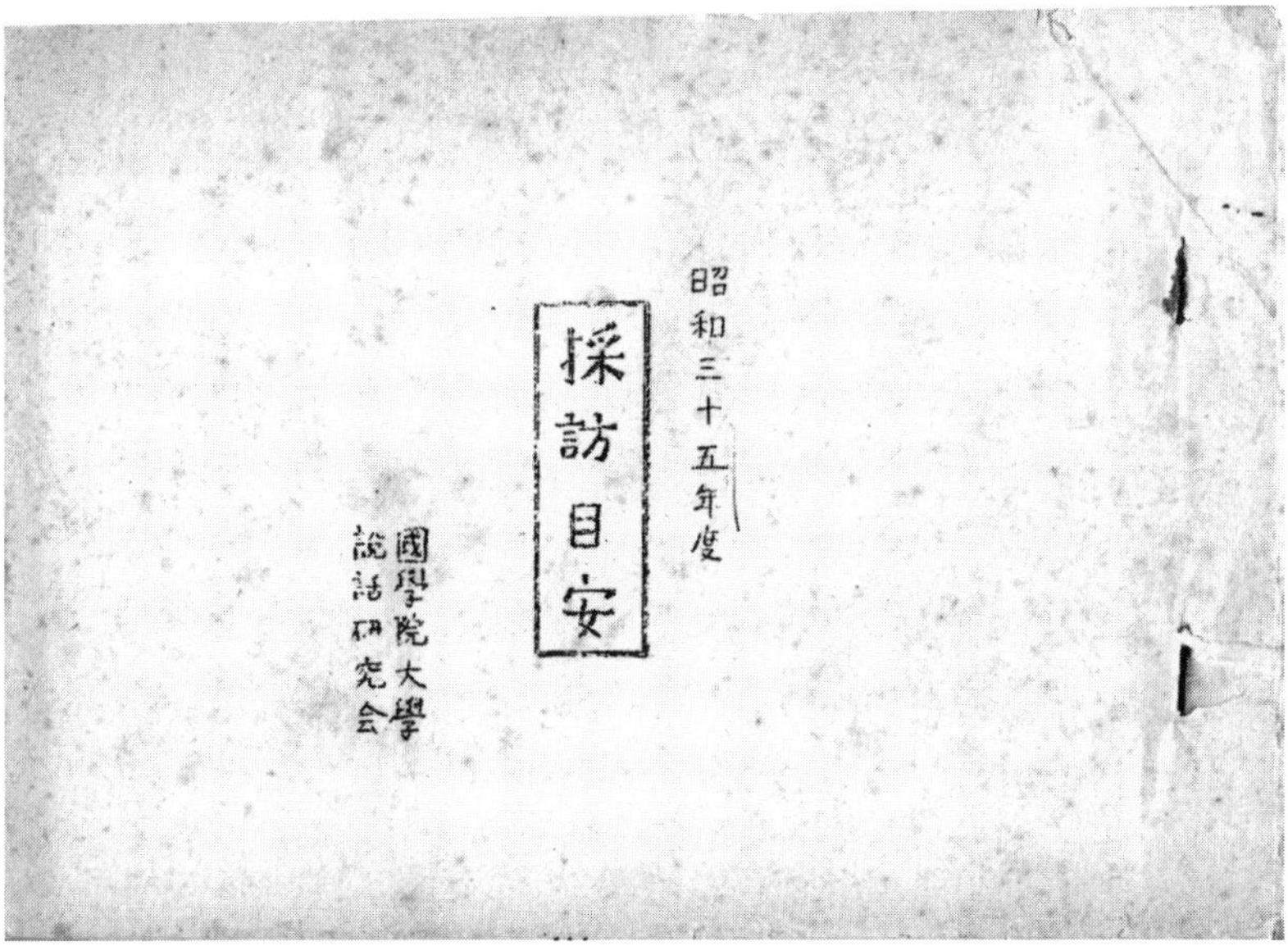
昭和三十五年度
採訪目安
國學院大學
説話研究会

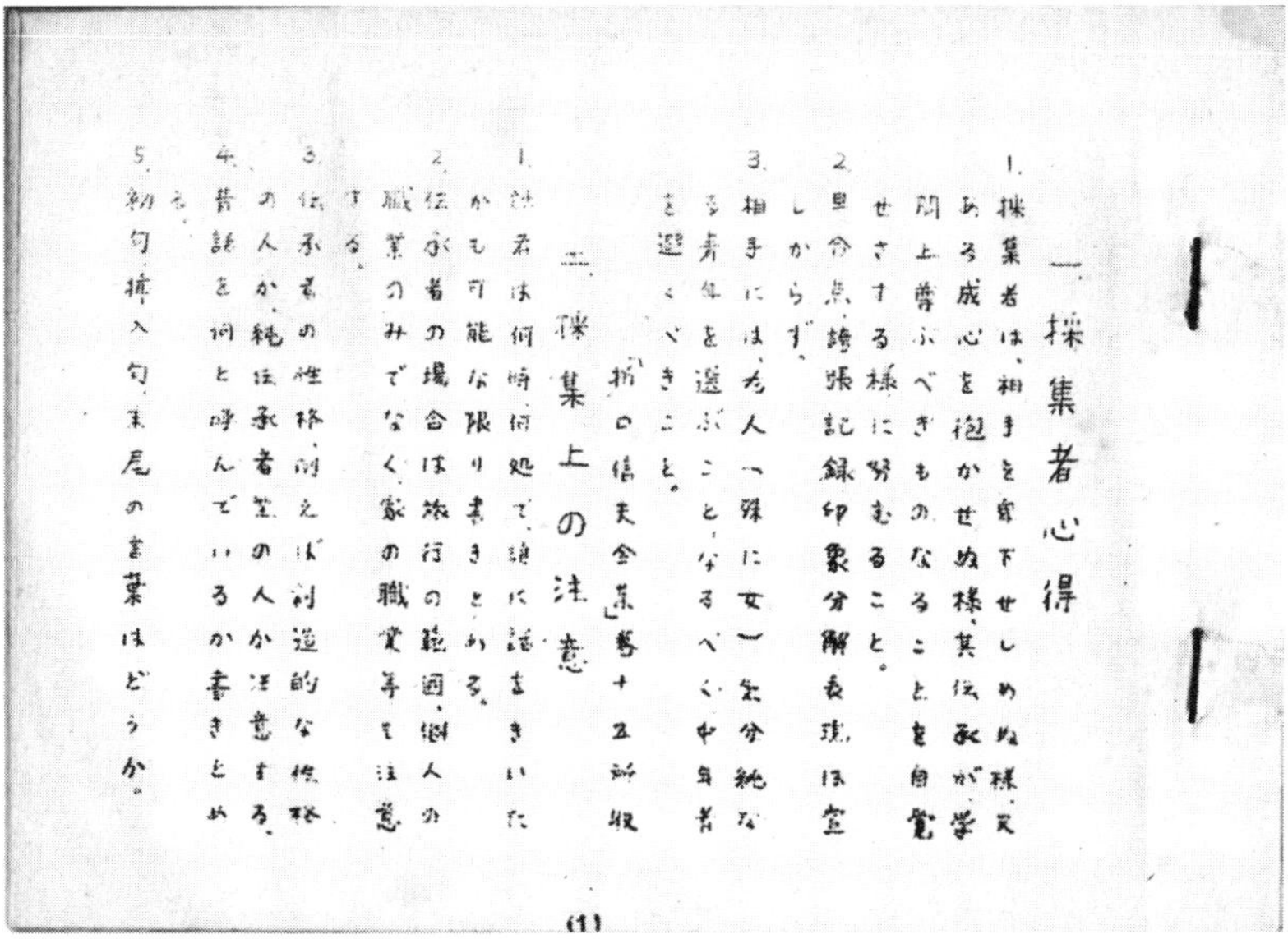
一 採集者心得

1. 採集者は、相手を卑下せしめぬ様、又ある成心を抱かせぬ様、其伝承が学問上尊ぶべきものなることを自覚せさする様に努むること。

2. 目分点、誇張記録印象分解表現は宜しからず。

3. 相手には、老人一殊に女一充分純なる青年を選ぶこと、なるべく中年者を選ぶべきこと。

「折口信夫全集」第十五所収

二 採集上の注意

1. 話者は何時何処で誰に話をきいたかも可能な限り書きとめる。

2. 伝承者の場合は旅行の範囲、個人の職業のみでなく家の職業等も注意する。

3. 伝承者の性格、例えば創造的な性格の人か、純伝承者型の人か注意する。

4. 昔話を何と呼んでいるか書きとめる。

5. 発句挿入句末尾の言葉はどうか。

(1)

岩手県採訪の際に作られた『採訪目安』

宮崎から野村学を探究する

矢口裕康

一　拙著『民話と保育

――「個育て」のために――』の発刊――

二〇二〇年、野村純一先生との軌跡を振り返ってみた。すると二〇〇三年が大きな転機だったことが分かった。そして幾つかの縁を実感した。

二〇〇三年、『民話と保育――「個育て」のために――』が清文堂出版で本となった。二〇〇〇年、野村先生紫綬褒章お祝いの際に、弟子達一人一人が控え室に呼ばれ、前田博雄社長を紹介された。「是非とも清文堂から本を出しなさい」との先生からの言葉を受けての一冊である。出版に際して、最初で最後となった野村純一先生の巻頭言「清新、刺戟的な『民話保育論』」を書いていただいた。

《福井県とはいっても、実質は旧若狭国の方である。敦賀と小浜の間、若狭湾に接して「三方五湖」がある。その一つに「日向湖」がある。併せて三方郡美浜町には「日向」という集落がある。北陸の海辺に何故「日向」と名乗る処があるのか。これには言い伝えがあった。

江戸中期の頃という。九州宮崎は日向の衆が漁に出て、時化に会って遭難した。一行の船は流れ流れて北上し、周防灘を経て響灘に出てしまった。その後、対馬海流に乗ったのであろう、日本海に入った。そして辿り着いたのは、常神岬の内懐、つまりは現在の「三方五湖」の一つであった。漂着した彼等は土地に定住して、そのまま生業を営むようになった。

スピーチをする執筆者、野村純一先生紫綬褒章お祝いの時

遠く、故郷の地を懐旧してそこに「日向」の名を冠したとする。のみならず、漁労の業に長けていた日向の衆は、やがて土地のひとびとに先進の技術を伝え、鰤漁を積極的に先導して、遂には莫大な収益を得るに至った。こうして、若狭湾に行われる寒鰤漁の先蹤は、日向の漁師によってもたらされたとするのである。この話を、かつての〝鰤御殿〟の末裔から私は聞いた。

右の例一つを取っても、宮崎の人と文化は早くから外に向けて大きく開かれ、しかもそこには先取の気象に富む心意気がよく示されているように思われる。南からの風を受けて、この地のひとびとはいったいに小事にこだわらず、常に時代の先頭に立っていたのである。

今回、矢口裕康君の『民話と保育―「個育て」のために―』を一瞥して、そのことがよく判った。宮崎の土地柄の良さと、そこでの発想の大胆さ思わずも瞠目した。著者はこの「あとがき」の中にひとりひとりの子どもたちは「乳幼児期の体験を原点として、自分にとっての個性・個人差を形成しながら大人へとなってゆくのだろう」とし、したがって人は自己形成の途次にあっても「自分の子ども時代も大切なテキストの一つとして、生き方を模索するさい活かしてゆくべきではと思っている」、そしてその上ではじめて「自分の人生を自らの手でデザインしてゆくことも実現」し得ると、そう説いているが、これこそはごく自然に、まさしく彼自身が体得したかけがえのない〝民話論〟〝民話教育論〟として成り立っていると理解した。要は「乳幼児期」に、それぞれは母親から母なる言葉をもって語り掛けられていないと、結果としてその児（個）は「大切なテキスト」を欠いてしまう。それが故に「自分の人生を自らの手でデザイン」する決め手を欠いてくる、ということになる、と受け取ればよいのであろう。

矢口裕康君のこうした着眼点と独自の論理の展開は、机上からはなかなか生成し難い筈である。おそらくは、長年にわたる丹念、篤実なフィールド調査と、そこでの対人観から習得、立ち上がってきた応用、実践によってはじめて提唱されたものかと思われる。

その意味で昨今賑やかな心理学的なアプローチとは明らかに異質の、清新かつ刺戟的な「民話保育論」かと認識した。本書一冊の誕生を心から祝って、一筆添える次第である。》

一九三五年三月一〇日東京市下谷区誕生の師匠に恩返しらしきものが出来たかと思えた本であった。『民話と保育―「個育て」のために―』「あとがき」は、私なりの野村学継承の表明ともなった。

《わが宮崎県での上野駅にあたる場所は、私にとってはどうも宮崎空港のようである。横浜市生まれの私は、空港へとゆき、しきりに「東京ゆきの方は」のアナウンスを聴くと、何となく帰りたくなる。

人間が生きてゆく上の重要な要素の一つに、「郷念」があると思う。郷念とは、故郷を念ずる思いのことである。人は、誕生して小学校に入学するまで育った土地の空気・雰囲気・言葉を心の糧として生きつづけてゆく存在である。この乳幼児期の体験を原点として、自分にとっての個性・個人差を形成しながら大人へとなってゆくのだろう。

さて、大人とは、どんな存在であろうか。大人と思われる要因の一つが、自分を知ろう、理解しようと思い生きつづけてゆくことではないだろうか。つまり、常に「自分なりに」を探究してゆくことである。その中核を創るのが子ども時代でもあるから、それを見守る存在となることのできる大人の一人として、大きなひろい眼で子どもに接したいと思い、常に行動している。

さて、その「自分なりに」を形成するとはどういうことであるかをまとめてみたい。

① 自分の子ども時代も大切なテキストの一つとして、生き方を模索するさい活かしてゆくべきではと思っている。子ども時代の物事のうけとめ方は、何事にも耳で聴き・目で観・心でうけとめる姿勢を、自然体で持っていたはずである。

それゆえに、

② 私達も、何事にも、耳で聴き・目で観・心でうけとめる姿勢を持ち続けることが、「自分なり」を創る一つと思っている。この姿勢を具体化するために、自分の感性を磨き続ける必要もある。つまり、

③ 三つのごかんを磨き続けてゆくことである。その三つのごかんとは、五感（人間が外界の刺激を感じる事が出来る五種の感覚。視覚・聴覚・嗅覚・味覚・触覚）、五官（五感を起こさせる五つの感覚器官。目・耳・鼻・舌・皮膚）、そして語感（言葉の持つ中心的な意味のほかに、その言葉からくみ取られるきれい・きたないなどの感じや、相手にどのように受け止められるかという響きなどをも含めたデリケートな用法）である。

とすると、

④ 他の人の見方や言葉にも耳を傾け、自分創りの一環にも組み入れる姿勢も生まれてくる。

⑤ 自分なりの見通しもて、かつ自分の人生を自らの手でデザインしてゆくことも実現できる。人生とは、様々な選択・判断をすることの連続であるわけだが、

⑥ 自分なりの選択できるめ（目・眼・メ）を養い続けてゆくと、芽が芽生え育ってゆくことになる。

こんなことも想いながら生きてきた。》

二　「語り聴かせ」に辿り着く

《二〇〇二年秋、教え子から出産のしらせをもらった。「先月、九月二七日（木）午後、一二三時四二分二九五四gの元気な男の子を出産しました。生まれてすぐに自分の手を口元へ運びチュパチュパさせていました。授乳後も、まだ足りないといった感じで口をパクパクさせています。また足の力がとても強く、オムツ替えが大変です。でも、将来がすごく楽しみです」と始まる手紙である。

子どもが生まれた喜びがひしひしと伝わってくる文面である。私は「子どもは個どもである」と思っている。子どもとは、一人ひとり違った存在で、かつ一人ひとりが個人差そして個性を日々形成し続けている存在であると思うゆえの、「個ども」の表現である。ふと、その返信に「個育て」と書いてみた。今ほど個育てがのぞまれる時代はないかもしれない。この一人ひとり違うことを認めあい、分かりあえる、簡単なことのようだが、難しいことなのかもしれない。だとしたら余計「個育て」である。ということで拙書の副題も『「個育て」のために』とした。

そして、もう一つ、MRT宮崎放送で試みた宮崎県の昔話をラジオを通して届ける活動や、令和の今も続けている特定非営利活動法人・はにわの会仲間の家での月一回の「語り部くらぶ」の活動にも、「語り聴かせ」をめざす姿勢を大切にしている。一般には、絵本・紙芝居を読み聞かせると表現するが、私は「読む」ではなく「語る」、「聞く」ではなく「聴く」でなくてはと思っている。

宮崎県の方言に「カタロォ」がある。「行っかけカタロォや」（歩きながら話しましょう）と表現する。「かたろぉ―」、人と人が言葉のキャッチボールをかわしあう空気を感じる。また、「きく」には二つの表字がある。「聞く」と「聴く」だが、『大修館新漢和辞典』「聞・聴〈解字〉」をもとに整理してみると、

「聞」は、
○音声を耳にうけきくこと
○自然にきこえてくる意

「聴」は、
○きく意志があって注意してきく意
○耳をたてて音声をよく通して十分にききとること
である。ということもふまえて、「語り聴かせ」へと辿り着いた。

本書は、このようなことを思い感じ考えてきた過程の一産物であるので、書名の副題も『個育てのために』としたしだいである。》

三　宮崎での歩み「口承文芸学」と共に

《私の父、矢口清治《きよじ》は一九二三年一月二四日横須賀市生まれ、一九七六年四月二二日直腸がんで死亡した。太平洋戦争に旧陸軍兵科の一つ近衛師団工兵として召集され、朝鮮でロシア軍の捕虜となった。日本へ帰れると思い、列車に乗せられたら二十何日か後、黒海へ着いたそうである。その後シベリアへ抑留、一九四七年七月一一日大拓丸で京都府舞鶴港へ戻って来、私の母喬子と結婚した。

私の義父、本部孝《こう》もシベリアで抑留、父と同じような場所で過ごしていたらしい。私は、本部孝の長女貴子《あつこ》と一九七六年三月二二日結婚した。そして一九七七年四月一日、宮崎女子短期大学に、國學院大學臼田甚五郎先生の紹介をうけ応募、現在へと至っている。臼田甚五郎先生は、私の師匠野村純一先生の師にあたる方である。

人の運命は様々だが、一つの流れは誕生の折、神様が定めているように思う。私は、父の姿を、若くして亡くなったからこそ意識して生きてきた。私も現在（二〇〇三年）五三歳、父の生きた年月と同じ時間を生きてこられたことになる。その年に、「個育て」をテーマとした書物を発刊できた幸せを、これからの生きる糧の一つとしたい。そして、本書を親孝行一つできなかった両親へささげたい。

『民話と保育―「個育て」のために―』の構成は、一九九八年より『宮崎女子短期大学紀要』へ、その時々の思いを表現してきた論考をまとめたものである。》（『民話と保育―「個育て」のために』所収）

『民話と保育―「個育て」のために―』は、第一四回宮日出版文化賞（二〇〇四年）候補作一〇点に選出された。以前に自著、『昔ばなしと幼児教育』『語りつがれる宮崎―民話伝承にみる宮崎県民性―』を経て、三度目の正直となり、賞に選出された。その選考委員の一人が、北川義男南九州大学教授であった。北川先生は、選出理由を「宮崎日日新聞」に次のように記されている。

《本書は二部構成になっており、第一部では「紙芝居と子どもたち」「野菜と保育」「神道と保育」「やなせたかしと短大生」「ボランティアと語り」という項目で、語り継がれてきた民話をもっと子どもたちに聴かせることが保育にとって重要だということを提唱している。

そして、「語り」と「聴く」だけでなく、その場の雰囲気や話をしてくれる人の表情などが「個育て」へとつながっていくことをアンケートや体験をもとに、著者の独自な観点から述べている。

また、「野菜」や「神道」と保育とのつながりを、アンケートや調査を経て独自な点から論じている点もこの作品の注目すべき点だといえる。

第二部では、ラジオ番組「日向知っちょるけ話」など情報媒体によって民話を通じ、その土地や地域の古くからの出来事や習慣、行事、いたわり、悲しみ、喜び、出会い、別れなどさまざまな人間の日常の生活などが自然と耳に入ってくることの重要さを文頭に記し、宮崎の民話を紹介している。

選考理由として、民話の語りによる幼児教育を提唱したユニークな点や、長年のフィールド調査、実践に基づいており、説得力がある点が挙げられる。

また第二部は、第一部とのつながりに対する不自然さの意見も出たが、民話の知的財産や伝承性の意義、また、民話から学べる文化や教訓と言ったようなことを伝えることの重要性が感じ取れる。

また、民話をあえて昔の言葉で記述している点からも、著者の「郷念」が人生に深くかかわっていくものであるという考えがうかがえるものとなっている。

最近「語り」や「聴く」など人とのコミュニケー

ションの重要性がいわれていることからも、これからの保育と子育てやそれに携わる人たちにとって興味深い本だと言える。》

と評していただいた。

四　拙著『語りの再生』推薦文

―鈴木真喜男先生から「えにし」―

《鈴木　真喜男（東京学芸大学名誉教授）

本書の著者は、かねてから、普通〔読み聞かせ〕とよばれる教育活動について、その内容の質的向上をはかって〔語り聴かせ〕と改称すべきことを提唱してきた。すなわち、読み聞かせにあたっては、あらかじめ素材についての知識とデータ、そして、実施計画を十分に用意して、読み手・語り手の感性を錬磨する必要性を強調し、こうすることによって、こどもの感性をやしなうことができる、とする。

本書は、この提唱について、著書が勤務大学で担当する保育士・小中学教員の養成課程等での諸講義と、それに対する受講学生のなまの反応の詳細な実践記録であり、さらには、〔障がい者〕に対するボランティア活動の記録等をもふくんでいる。そこには、多彩な視点からの斬新な方法が列挙されており、啓発されるところ多大である。わたくしも、一読、むかしわがこに無造作によみきかせていたことをひとり汗顔した。子そだて中の御両親がたにも是非一読をおすゝめしたい本である。

さて、本書は、一つにはこの六月になくなった著者の恩師へのレクイエムとして、いま一つにはこれを機に著者みずからの教員生活三十一年間の研究をさらに一層深化させるべく、そのあらたな出発点に、とかゝれたものである。

本書刊行にあたり、著者は、その研究開始の端緒となった宮崎女子短期大学赴任へのなかだちをつとめた御縁・えにしをもって、わたくしにも一文を徴された。この懇書に接し、わたくしは、反射的に恩師金田一京助先生のおうた

道のべにさくやこのはな花にだに
えにしなくして我が逢ふべしや

をおもいおこした。先生は、ひとととひとととのえに

しをこよなく大切にされた。

本書の著者またしかり。その担当時数のおゝいにもかゝわらず、学生とのつながり・えにしを大事にされていることも、本書のはしばしから分明である。

著者の懇書は、わたくしに、茫漠たる記憶のなかから当時の場景を豁然とよみがえらせてくれた。と同時に、「暮歯」「癃老」などの語を実感しつゝあるわたくしに、一陣のみずみずしい生気をふきこんでくれた。望外のことであり、著者に満腔の謝意を表する。とともに、この拙文がおもとめにかなうかいなかを、危惧することしきりである。》

五　語り聴かせを子ども達へ

《保育の世界では、紙芝居・絵本を子ども達に届ける行為を、「読み聞かせ」とよんでいる。この読むを語る、聞くを聴くへと高めてゆくことで、読み聞かせを語り聴かせへと提言したい。「語り聴かせ」については、かつて、園と家庭をむすぶ『げ・ん・き』No.44「特集　聞く力は心の教育・学力の基礎」にて、「読み聞かせから語り聴かせへ・宮崎からの報告」で提起した。授業は学生達の生体験だ。語り聴かせを具現化するための試みをまとめてみた。

観聴きする学生

二〇〇五年六月一五日、児童文学（保育科一年）九回目の授業だった。大型絵ばなし『おおいみえるかい』（ごみたろう作）を、学生に観聴きしてもらった。「観聴き」、私の造語である。きき手としてしっかりと観、じっくりと聴き、心を傾け、体丸ごとで、聞くではなく聴く姿をと思っている。聞くと聴くには

聞く　音声を耳にうけ、自然にきこえてくる行為
聴く　きく意思があって、耳をたてて、注意して、音声を十分にききとること

の違いがある。つまり、傾聴の姿勢である。また観るは、「観感興起」（目に見、心に感じ、感動して奮起すること）へとつながる。これが「観聴き」である。私は授業中、絵本や紙芝居を語り聴かせ、その後「観聴きした上で、自分の今現在の思い・感じを自分なりに表現してみよう」と提示し、まとめても

らっている。学生時代、子どもにとって佳き聴き手へとなる切っ掛けを、本人達がつかむことを授業をとおして一つひとつ具現化した上で、子どもと出会ってほしいと思っている。

さて、『おおいみえるかい』観聴き後、こんな感想をもらった。

「前回も表紙はみていたのに、ありさんがまったく分かりませんでした。でも、だんだんと絵が大きくわかりやすくなるにつれて、目も耳も体も吸い込まれ、向き合っていました。紙しばいやえほんは、いつも何んらかのストーリーがあるという風に考えていたけど、この『おおいみえるかい』のように、単純明快な内容のほうが、子どもには良いと思いました。私（現在一八歳）の人間が『おもしろい』『かわいい』『またよんで!!』と思うのですから、なおさら子どものこころをドキドキさせるでしょう。子どもにすてきなおはなしと出会わせるためにも、このキーワードを活用するべきだと思います。今まで生きて来て№1の大型絵ばなし『おおいみえるかい』になりました。とってもとってもすてきなおはなしです。」大型絵ばなしは、フレーベル館出版の模造紙大の紙芝居と同じように表に画、裏に物語が書かれている作品である。この学生は、同じ授業記録プリントの中に、次のような授業の感想も書いてくれた。「今日は、本当にすてきなおはなしと出会えました。私は今まで、一番好きなえほんとか心に残っているおはなしというものがありませんでした。小さい頃は、両親が共働きで忙しかったのもあり、あまりえほんに触れたことがなかったからです。でも全くそのことは気にしていないし、それが普通だったから、今日、すてきなおはなしに出会うということができたのだと思っています。だから、子どもにむりやりえほんや紙しばいを語る必要はないのではと思います。その子どもたち一人一人に、私のように生きて一八年目ですてきなおはなしに出会うことだってあります。つまり、一人一人の出会う時間は違うということです。私がえらんだおはなしで、すてきな出会いをしてくれるのもうれしいけれど、出会える時間を待つのも大切だと思います。世界の子ども・若者・大人・老人すべてに出会いの時間が訪れてほしいです」。

まさに一人ひとり、人によって出会う時間、場面は違うのだから、出会える時間を待つことも大切かつ必要なことである。今、大人となりつつある学生達にとっても、子どもの中を流れる時間をみきわめながら、「待つ」姿勢をもちたいものである。そして、世界のすべての子ども・大人・若者・老人に、それぞれの違う出会いが訪れるような助力・助言ができる一人となりたいものである。

教師とは、日常的になりつつある授業の流れの中で、ふと、このような一文を書いてくれる学生と出会わせてもらえる仕事だと、実感した一枚のプリントであった。》(『語りの再生』所収)

六　『語りの再生』あとがき

——六月二〇日からの出発——

《二〇〇七年六月二〇日一六時、わが師匠、仲人親でもある野村純一先生が亡くなられた。二二日一八時から通夜、二三日一二時葬式ということで、飛行機を確保してもらった。二一日は通常どおりの授業をし、二三日の二コマは休講とした。幼稚園実習を二五日から控えた保育科二年生であるので迷ったが、よくよく考えてみれば、授業は九月末までのどこかで補講すればよいのだから、上京することとした。何を優先すればよいのかは明白なのに、女房の一言でやっと気付くとは自分でもなさけない。

さて、二一日二限「児童文学」であった。今年も自著『宮崎のげなげな語り』を教科書とし、ちょうど「十二支の由来」をとりあげていた。今春入学生の干支は、辰年・巳年であったので、十二支中、唯一の空想上の生き物である「タツたつ辰竜龍リュウりゅう(どんなふうに表字するかも、問うてみた)」を、自分なりに描いてみることもした上での授業であった。野村先生と出会ったからこその世界である昔話をテーマにしていた。そこで先生のことへも想いがいってしまい、つい涙ぐんでしまった。その九〇分に対する学生の「授業記録」中に、こんな言葉があった。

○今日は、貴重なお話を聴かせてもらい、矢口先生が語り聴かせを始めたきっかけになった先生の事を聴いて、とても良い語り聴かせをされていた方だったことが伝わってきました。そして、人としても、素晴らしい方だったから矢口先生も好きになれた先生だと思いました。
○今日は先生の涙が印象的でした。先生に〝泣く〟イメージがあまりなかったので、驚きました。明日は気をつけて東京に行ってきて下さい。悲しいときはたくさん泣いたほうがいいです。
○途中の先生の涙にはビックリしたけど、その後いつものように授業している先生は本当にすごいです。

私も先生を見習いたいと思いました。

とも言ってくれる。泣けた大きな要因は、次のことにある。

○今日、先生が涙を流していました。びっくりしたし、私も泣きそうになりました。「オレは、その先生みたいなそんざいになれるカナ」といったけど、この生徒の中で、そんな存在だと思った人が少なくないと思います。
○矢口先生が昭和二五年の寅年生まれときいて、お父さんと同じ年齢の人に授業を教えてもらっているんだなぁと思うと少し不思議な気持ちでした。（中略）矢口先生が恩師の方を大きな存在と思うように、私たち一人ひとりにとっても矢口先生が大きな存在になると思います。

私は、野村純一先生に二つのことを教えていただいた。その一つは昔話伝承の面白さ、もう一つは、授業を学生との間で、どのように創ってゆくと、一体化し語りの空間へと高められてゆくかである。目標であった師匠を亡くし、授業中に涙するのはどうかと思うが、女子学生達は温かくつつみこみ、私をおくりだしてくれた。また、こうも記す。

○授業のはじめ先生に語りを教えてくれた人が亡くなった話を聞きました。先生にとってとても大切な人で、忘れられない人で、とても大好きだったんだなと感じました。最初先生は授業を優先してたけど、お葬式に行ってそれは正しかったと思います。お葬式は一回しかないんだから。悲しいけどそんな人に出会えたことは幸せですよね!!これからも先生の心に残る大切な人だし!!あたしも先生からたくさんの語りを学んでいきたいです。
○先生の授業は先生だけでなく、先生に教えてくださった先生の授業でもあり、今日の授業の重さを感じました。今以上、真剣に授業に取り組もうと思いました。
○今日は、授業の初めの話をきいて、すごく考えさせられた。前に、一人の人間に会うことで、自分の人生に何らかの影響を与えられることを知ったけど、それと同じに、その出会いを基にして、また、自分がその人から教わったことを広げていくことが大切だなと思った。先生みたいに、すごく大切に思える人との出会いってすごく大事だと思った。そして、お葬式と、授業を迷った先生はすごく心の優しい人だと思った。お葬式に行きたいと思うのは、あたり前のように思ったり、行かなきゃいけないと思ったりするだろうけど、その時に、生徒のこと、他の人のことを考える人は少ないと思う。優先順位としてはお葬式だと私も思うけど、そこで迷った先生は、私はすごく好きです。そんな先生の優しさに応えるためには、自分のためにも大切に授業を!!しっかりと授業を受けていきたいと思います。

私は、今、二〇〇七年六月二〇日から再出発しようと決心している。今までの矢口を土台として、さらなる自分創りのための再出発をである。その一書『語りの再生』を、野村純一先生のご霊前にささげたいと思い、書きあげたしだいである。》

七　弔　辞

《先生、お別れです。

先生にお世話になった教え子を代表して、「お別れの言葉」を述べさせていただきます。

まさか、こんなに早くお別れすることになるとは思いませんでした。

野村先生と私の出会いは、日本文学第二研究室、教室、そして全国各地の昔話を、お爺さんお婆さんから聴いた場でした。先生と私の昔話採訪はじめは、彦一話の熊本の八代市、そして坂本村でした。私は現在、宮崎県清武町の宮崎女子短期大学にて教師をしていますが、この採訪は私にとって運命の出会いであり、現在を予感させるものであったようです。その後、新潟県栃尾市、山形県酒田市、飽海郡の採訪へと連れて行っていただき、昔話の魅力を実感させていただいたのが、先生でした。

また先生からは、「矢口、授業とはこういう風にやると学生との語り合いの空間ができるんだよ」と教えてもらいました。今、宮崎の地で女子短大の教師として学生と向かい合える自分が存在しているのは、先生のご指導があったからです

野村純一先生。

先生から頂いた体感を、野村学の伝承者の一人として語り継いでいきます。先生の弟子の一人で在り続けることを誇りに思い、これからも学問に精進していきます。

私共弟子一同が、野村純一先生の学問を受け継いでいきます。

先生。安らかにお眠り下さい。

平成十九年六月二十三日　　矢口　裕康》

宮崎での野村学の探究はたくさんの「えにし」の結果だった。さて古希七十歳、これからも縁を大切にし、どんな舵取りをしてゆこうか。

注《　》は引用を表わす。

「令和むかし話ワールド」に参加して、國學院の同級生・後輩たちと里芋汁を食べる矢口ご夫妻

あとがき

野村敬子

本書に皆さんの原稿を頂いた春。政府は四月七日、新型コロナウイルス対応の特別措置法に基づく緊急事態宣言をだした。東京には桜が咲いて散り、咽せかえる樹影。葉脈の先端からコロナ禍の孤独が毀れ落ちて、スクランブル交差点・東京渋谷はしんと鎮まっている。

誰も居ない春。この春に溶けてゆく寂寥は果てしない。しかし口承文芸の歴史の中で、これは無限の孤独ではない。言論の萎縮であってはならない。何時も誰かと繋がっていることを考えたい。病の中で声の連帯は記憶される。古く、イタリアでは、ペスト流行の都市を逃れて山荘に集まった男女十人が泉のほとりの草原で語った百話が、古典『デカメロン』として残されている。中世の民俗的な思考がボッカチオの風刺精神で新しいルネサンス文芸として記録されたという。

近時、我が国では江戸時代の妖怪アマビエが話題になった。熊本の友人村上真理さんからは弘化三年（一八四七）肥後の海から現れた半人半魚絵がコロナの魔除けとして届いた。私の編んだ『江戸風鈴 篠原儀治さんの口語り』で扱った風鈴工房でもアマビエの図柄の風鈴を製作している。

新型コロナウイルスは、古くて新しい人々の物語と祈りの形を垣間見せてくれる。自身が育てられた真室川にも「魔除け」の伝承はいろいろあった。聞こえてくる悪いモノの声には「耳塞ぎ」の呪術があった。耳塞ぎの餅や大根などは川に流した。

そのような時空で、真室川町での二〇一九年一〇月一九日から一一月一七日までの「どんぺからんこ生き続ける昔話展」の記憶は何と有難い時間であったことか。昔話を巡りたくさんの方々の心が過去と未来の共振をはかり、優しい透明な時を紡ぎ出してくださった。三密という言葉も知らないで、密度の高い時空が構築されていたのであった。

この展示と講演、語りイベントにおける多くの方々に賜った「出会いの美しさ」に心からの感謝を申し上げる。昼食の食材・調理の御提供・花束のプレゼントなど衷心よりお礼申し上げる。

そこでの際立った記憶は亡き夫・野村純一に寄せて頂いた皆様方のご理解と温かい包容力。それは真室川風土の大きな寛容であり、町当局が新時代・令和に向けた眼差の中に在る昔話の存在感そのものの世界でもあった。何と幸せなこと。真室川の町長さんはじめ町民の方々に感動をお伝え申し上げる。

本書には展に寄り添って下さった方々の多面的なご活動になる文章を頂戴した。この展示会へ最初の言葉を頂いた石井正己学芸大学教授の存在を忘れることは出来ない。『戦争・女性・昔話』の出版物をご用意頂くなど御多用中に貴重な時間を私共のために割いて頂き感謝の言葉を申しあげる。

私は日々、展示会場で六十年前の採録テープが國學院大學小川直之教授のおはからいで今日に蘇った音声を聞き続けていた。遠い日々を追懐した。私共夫婦は実に無謀な旅をしたのではないか。臼田甚五郎先生、関敬吾先生のお導きを賜りつつ、ひたすら昔話という文芸の高次な性質に目覚める夢。見果てぬ夢であったのかも知れない。

採訪手帳にはその夢の欠片が残されるのである。既に劣化がみられる採訪手帳を展示が終了すると直ちに真室川町新町の佐藤準一さんがデジタル化に取り掛かって下さった。佐藤準一さんの詩集『農村に生きる』には次の一首がある。

「野村夫妻の採訪記録のデジタル化は記録の量に日々苦悶す」

とある。コロナ禍を昔話研究で乗り切る大変な作業であった。腰を痛めたご様子とも詠まれている。

特に記すべきは、山形県における昔話動態の根幹に平成初期山形県「遊学館」の事業があったことである。小野正敬さんが中心となって昔話の地域活性化プランを活力的に展開し、私も参加させて頂いた。今回の展示・前夜祭・イベントにも参加して頂き、感謝の言葉を申し上げたい。

コロナを乗り切る企画は真室川町のホームページにも力強いメッセージがある。教育委員会の伝承文化の瑞々しい発信。語りイベントでの語り手の姿が生き生きと記録されていた。

町長さん、教育長門脇昭さん、教育委員会須田英樹さんのメッセージ通り、展示会以後の真室川町はコロナに負けない新しい夢の懸け橋に期待が集まる。

「真室川民話の会」でご活躍された黒田谷男さんの訃報に接した。心からの哀悼を表する。

追記

コロナ以後の昔話・コロナ以後の町づくり

野村敬子

九月二十四日の山形新聞に「地元の昔話　話して聞いて　真室川中生や町民が披露」の見出しで「真室川中学校の昔話教室」が報じられている。真室川町出身者の私も研究仲間の清野知子さんと参加させて頂いた。コロナ以後他出は控えていたが、東京の「GO TOトラベル」を聞き、瑞木書房に協力を頂き人混みを避け、車で出向くことが出来た。

全校生百六十八人が昔語りを語り聴く「昔話教室」は楽しかった。この企画は泉谷一彦校長が先の昔話講演や「語る楽しさ　聴く喜び」で味わった感動体験から生まれたと、開会の言葉。その折の語り手高橋市子さん・沓澤ケイ子さんたちが昔語りをされた。方言語りは芳醇な時空を創りだすが、現代語とは乖離し、中学生たちにとっては難しい数式を解く様な努力が求められるのである。

「むがし、むがし。西郡の人達、山で炭焼きしている頃にな。山である日木炭にするどんて、三つになってだ、股木ば伐ってしまったごどがあった。」

一年生の澄んだ声。聞き慣れない西郡言葉が努力の賜物となり、透明な仮想世界へと人々を誘う。

「炭が出来上がるまで、夜まは、小屋掛げして泊まってだ。その爺がトロトロど眠るど、わの側さ女ごが寝でるなだど。」

二年生はドラマチックな場面を感性豊かに語り出す。一話を六パートに分割して生徒がそれぞれに担当して語る構成である。

「その爺が、伐り倒した木は、山の神の木でな。決して切ったり伐ったりさんね木だったなど。」

三年生は伝承文化についての理解、その努力の跡がみえる。西郡集落は平家落人伝説がある。落ち着いた表現世界。

そして皆が揃って結句、

「どんぺすかんこ、ねっけど」

見守る語り手たちは慈しみの眼差し。困難なコロナ禍時代を越えてマスクを着け、互いの身体的距離を保ちながら心的密着度は見てとれる。コロナで萎縮した現代の昔話の存在感を顕在化する一方法である。新聞記事にもあるが、野村敬子は「昔話は必ず語り手と聴き手が必要。聴く側が相づちを打ってあげて」と昔話のルールを伝えた。マスクの聴き耳は強く語りに傾斜した。その日、初めての語り手・初老の佐藤準一さんは祖父からの伝承「神さまむがし」を語られた。が、聴き耳が伝える初体験は素晴らしく、中学生の将来に大きな可能性を感じさせてくれた。聴き手として、各学年代表が感想を述べられたが「町に伝わる昔話を覚えたり調べたりしたい。」と心強い覚悟のほども聴かせて頂いた。

後日、真室中学校校長先生からお礼のお手紙をいただいた。

生徒の感想等が掲載された『学級通信』と代表生徒のお礼の言葉が同封されていた。

お手紙には、「地域の方の本物の昔語りを聞き素晴らしさを実感し、一人でも多くの真室川中学校の生徒が語り手となりこの伝統を受け継いでいきたいと思った。」と書かれていた。

次に『学級通信』を掲載する。

3Aジャーナル

3Aジャーナル（通信）です！

2020.9.25.
No.23
庄司　太一

昔語り教室、本物の語りを聴いて…

木曜日、昔語りを研究されている野村先生、真室川の語り手の方々をお招きし、昔語り教室が行われました。グループで練習してきた昔話を発表したり、本物の昔語りを聴いたりしました。本物の語りを聴いて、それぞれ個性豊かな語り方から思わず聞き入ってしまう魅力がありました。野村先生がおっしゃっていた真室川の先人たちの心の形が伝わったようでとても貴重な体験になりました。今回の昔語りの学習を通して、真室川のすばらしい文化を再発見したように、ふるさとのよいところを見つけ伝えられるような人になりたいですね。

＜昔語り教室を体験して・・・＞

○今日、本物の昔語りを聴いてやっぱり読み方や感情の入り具合が全く違い感動しました。（怜生さん）

○とても長いお話が多かったけれど、語り手の人も心をこめて語ってくれたおかげでとても内容が伝わってくるし、自分が語ってみてこんなに難しいことなんだなと改めて思うことができました。（渚砂さん）

○昔語りを聴いて、初めは方言を使っているところとかが、よくわからなかったけれど、少し分かってきたのでよかったです。昔語りは、一人じゃできない（相手や相づちが大事）ということがわかりました。（竣さん）

○昔語りを聴いてみて、分からないことがほとんどだったけれど分かる言葉を探して聴いているのも楽しかったです。昔語りを今まで聴いたことがなかったので、今回昔話教室を体験することができて本当によかったです。（優依さん）

席替えをしました！新しいグループでもがんばろう！！

3Aジャーナル

3Aジャーナル（通信）です！

2020.9.18.
No.22
庄司　太一

ふるさとの文化、真室川の昔語りをやってみよう。

来週の昔語り教室に向けて、地域の方の昔語りを聞いたり、町のホームページや資料を通していろいろな昔話に触れたりしました。あまりわからない、聞いたことのない言葉や方言に苦戦しながらも、物語のおもしろさや教訓、知恵を知る楽しさを実感してきました。また、実際に「山の神」という昔語りに挑戦しています。そのまま棒読みしても伝わらず、感情を込めたりなまったりすることで伝わる不思議さに気づかされました。お家の方ともぜひ昔語りや言葉、方言などについてお話してみて下さい。

～　今週の道徳　「嘘つきは神様が許しても、母ちゃんは許さん。」　～

「思い出のオムライス」という物語を通して、嘘をついてしまうときがあるけれども、相手に対する気持ちや自分にブレーキをかけるためらう気持ちの大切さを学びました。

○相手のための嘘や自分のための嘘とかいろいろな嘘があるけれど、一番は平気で嘘をつかないことだと思います。自分でもその人に嘘を言ったら、バレた時相手はどう感じてしまうのかなどためらいの気持ちやごめんなさいなどの謝る気持ちを忘れてはいけないと思いました。（光さん）

○簡単に嘘をついてしまうとそこから嘘をつき続けることになってしまうこともあるのでなるべくつかない方がいいと思う。嘘をついてバレなきゃいいとかしか思わなかったら考えなきゃなと思う。（一斗さん）

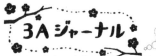

concerto
コンチェルト

真室川町立真室川中学校
3年B組　学級通信　No.23
R2.9.25 発行者　齋藤響子

昔話教室で学ぶ

２４日（木）元國學院大學栃木短期学園講師の野村敬子先生や、真室川にお住まいの語り手の方々をお呼びして行われた、「昔話教室」。これまで、３週にわたって朝読書の時間に、「山の神」という昔話にふれてきました。昔話教室でお話を聞いて、私たちはこの大事な真室川の伝承文芸を守っていく必要があると強く感じました。守るために、大人も努力しているという野村先生の言葉を聞いて、私たちも、１人一つでもいいから覚えておきたいと思いました。みなさんのお話を聞く態度も、大変立派で誇らしかったです。

♪感想♪
・私は、童歌しかやったことがなかったけど、昔語りもいいなと思えました。（綾日さん）
・語り手だけでなく、聞き手もうなずきながら聞くことが大切だと知りました。（隼己さん）
・初めて生で聞いて、方言とかは私たちより強かったけど、そのお話を楽しんで読んでいて聞いているこっちも楽しかったです。（友花さん）

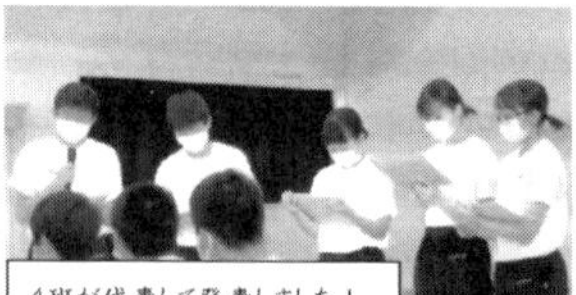

4班が代表して発表しました！

昔語り教室

元國學院大學栃木短期学園　講師　野村敬子先生から「真室川の昔話」について講演をしていただきました。9月の上旬から昔語りに触れ、「山の神」という昔話を生活班ごとに練習をしてきました。

真室川の HP で以前、動画を視聴した際に昔語りをされていた高橋イチ子さんの昔語りを間近で聴くことができ、語る姿に全員が見入っていました。

「～なだど」「～どんて」など方言の自然な言い回しや抑揚のついた話し方に驚いた生徒も多くいました。昔から受け継がれてきたこの昔語りのみならず、真室川の伝統芸能を継承していくために何が大切か、どうすれば良いかを考える良い機会になったと思います。これからの総合的な学習の時間での学びにつなげていきましょう。

学年を代表して井上優奈さんが感想を発表してくれました。

私は昔語りを聞くのも、実際に話してみることも初めてだった。
あまり馴染みがなくてもどこか懐かしくて引き込まれるような感覚があった。
これは、昔からずっと受け継がれてきた大切なものだから絶やしたくないと思った。

全校生徒の前で「山の神を発表した」４班！

九月二十四日の日本で新型コロナウイルス感染者は八二二九人、山形県七十八人であった（朝日新聞）。首都圏では対面文芸への実践方法も無策である。しかし、その伝承回路を封じるだけでは歴史に恥じることになるのではないか。しかもステイホーム、ＧＯ ＴＯなど近時の言葉は何か変だ。「私達、犬みたいね」と言った詩人がいる。

言葉の貧しさは、ちょっと押しただけで時代が揺れる危機感がある。コロナの今こそ家庭伝承や小さなコミュニティの質高い伝達が回復できるのではないか。近時の昔話の伝承動態は不特定多数に向って語る、聴き手の見えない劇場型語りが多かった。家庭、小地域の語りで、それらからの脱却をはかったら如何なものか。

コロナ禍の中で、コロナを防ぐ叡智に護られた真室川中学校の昔話時間を体験した私は、これから帰っ

語り手の佐藤準一さん・高橋市子さん・沓澤ケイ子さん

生徒代表グループが「山の神」を語る

生徒発表前の練習で助言する野村

て行く東京の昔話事情について考えを巡らせていた。

この学校での体験時間が美しいのは、社会人たちが生徒たちを見守っている事にもよる。現代では難しい方言語りに命を通わせて語ることを享受した地域の方々。当日は　聴き手として壁際で見守られていた。みんなで一つの夢をみる時間の美しさ。私は思う。方言はそんなに旨くなくてもいい。記憶の中に留めて、年寄から聴かせて頂いた暖かな声の記憶を耳の奥底にしっかり根付かせておけばいい。これからの皆の長い人生、真室川を思う時、あたかも着生植物ピカタ羊歯が岩間に根付いて光合成し寒さに強く生きる姿のように、伝承記憶は立ちあがってくる。語りを聴くとはそのようなものと、市子さん、ケイ子さんは私に教えてくださっている。市子さんは大きな手術をされて、喉に穴がある。それをハンディと思わないで中学生に語りの尊厳を伝えようとされていた。語りはそれまで語ることが無かった「五分次郎」であった。『今昔物語集』に通う古態があり刺激的であった。しかも出会って三十年経て、まだ聴いたことのない一話であり、その記憶扉の奥に蓄積される世界に憧れる。昨年の高橋キヨ子さんの場合もある。九十五歳を越えて甦る伝承記憶とは何だろう。真室川昔語りの可能性は測り知れない。

新型コロナ危機は日本社会の矛盾、難点を炙りだした。その一つに老人医療の問題がある。例えば退院基準の厳しさが身近なテーマである。その現実を踏まえた真室川の予防実践を知った。「みんなの茶の間あべあべ　さ　あべ〜」にお邪魔した。あべとは「行きましょう」の意味である。空き屋を活用した集いの場。ふれあいや交流、生き甲斐や仲間づくりへと繋がりが生れ、さらには地域で見守り、見守られ支え合うことの大切さに繋げていく場であるという。賑やかな談笑の場は「お互いさま」の場・子どもから老人まで、社会が繋がる場である。サービスの利用者ではなく自覚的な「場」の利用者という。そこでは孤独を手離し、皆で微笑む持続可能な「百歳時代の未来」が見えたような気がした。昔話がこれほど似つかわしい場は無いのではないか。

みんなの茶の間「あべあべ」での紙芝居

ボランティアグループ「まめくら会」の皆さん

執筆者一覧（掲載順）

しまなぎさ　聴き耳の会会員
新田　隆治　真室川町長
門脇　　昭　真室川町教育長
須田　英樹　真室川町教育委員会
梁瀬　平吉　真室川町歴史民俗資料館館長
泉　　節子　美容室経営・ウエディングプランナー
吉村　厚子　読み聞かせボランティアサークルあのねのね代表
片桐　早織　聴き耳の会事務長
奥灘久美子　昔話研究者
清野　知子　昔話研究者
杉浦　邦子　昔話研究者
庄司　アイ　やまもと民話の会会員
星美　知子　やまもと民話の会会員
渡邊　悦子　やまもと民話の会会員
間中　一代　栃木語り部の会代表
住谷　信夫　聴き耳の会会員
三浦　修子　聴き耳の会会員
荻原　悠子　聴き耳の会会員
伊藤　京子　聴き耳の会会員
佐藤　　保　真室川の昔話を絵本にする会会員
佐藤　喜典　真室川の昔話を絵本にする会会員
遠田　且子　真室川の昔話を絵本にする会会員
山田美貴子　読み聞かせサークル「マザーズ」代表
佐藤　玄祐　河北・紅の里昔話語り会会員
井上　幸弘　ＮＰＯ法人全日本語りネットワーク理事長
佐藤　準一　民俗研究者
庄司　明淑　韓国民話の語り手
伊藤　正三　真室川町歴史研究会会員
松田三智郎　真室川町歴史研究会会員
渡部　豊子　新庄民話の会会員
佐藤　壽也　真室川民話の会会員・わらべ唄研究者
村田　　弘　民俗研究者
芦原　敏夫　佐藤義則研究会会員
柴田　行慶　聴き耳の会会員
齊藤　伸義　歴史研究者
古野　治子　聴き耳の会会員
石井　季子　野村敬子さんの友人
内藤　浩誉　國學院大學兼任講師
関根　綾子　昔話研究者
根岸　英之　昔話研究者
矢口　裕康　元南九州大学教授

編著者略歴

野村敬子（のむら　けいこ）

山形県真室川町生まれ。國學院大學で臼田甚五郎先生に師事。女性をテーマに口承文芸の実感・実証的研究。『真室川昔話集』（岩崎美術社）「アジア心の民話シリーズ」責任編集、フィリピン・韓国・台湾を編む。『渋谷ふるさと語り』（渋谷区）、『語りの廻廊―聴き耳の五十年―』『栃木口語り―吹上 現代故老に聴く―』『中野ミツさんの昔語り』『間中一代さんの栃木語り』『老いの輝き 平成語り―山形県真室川町―』『令和元年 真室川昔話発信ノート』（以上、瑞木書房）『女性と昔話』（自刊）、他。

石井正己（いしい　まさみ）

1958年、東京生まれ。東京学芸大学教授、一橋大学大学院連携教授、柳田國男・松岡家記念館顧問、韓国比較民俗学会顧問。日本文学・民俗学専攻。最近の単著に『100de名著ブックス 柳田国男 遠野物語』（NHK出版）、『ビジュアル版 日本の昔話百科』（河出書房新社）、『昔話の読み方伝え方を考える』（三弥井書店）、『図説百人一首（新装版）』（河出書房新社）、『図説遠野物語の世界（新装版）』（河出書房新社）、『菅江真澄と内田武志』（勉誠出版）、『現代に共鳴する昔話』（三弥井書店）、編著に『博物館という装置』（勉誠出版）、『国境を越える民俗学』（三弥井書店）、『昔話を語り継ぎたい人に』（三弥井書店）、『現代に生きる妖怪たち』（三弥井書店）、『文学研究の窓をあける』（笠間書院）、『外国人の発見した日本』（勉誠出版）、『菅江真澄が見た日本』（三弥井書店）、『世界の教科書に見る昔話』（三弥井書店）、『全訳古語辞典 第五版』（旺文社）、『復興と民話』（三弥井書店）、監修に、『増補改訂版 絵で見てわかるはじめての古典』全10巻（学研プラス）、外国で出版された単著に『日本民譚の研究と教育』（韓国・民俗苑、韓国語）、『帝国日本が刊行した説話集と教科書』（韓国・民俗苑、韓国語）がある。

みんなで育む学びのまち真室川《まむろがわ》―昔話を未来につなぐ―

2020（令和2）年11月20日初版発行　定価は表紙に表示

編著者　野村　敬子
　　　　石井　正己
発行者　小林　基裕
組　版　ぷりんてぃあ第二
印　刷　エーヴィスシステムズ

発行所　瑞木《みづき》書房　〒252-0816　神奈川県藤沢市遠藤3590-8　TEL／FAX 0466-47-1270

発売所　慶友社　〒101-0051　東京都千代田区神保町2-48　TEL／FAX 03-3261-1361

ISBN978-4-87449-191-1　C3092